생각을 현실화하는
문자의 힘

"SHIKOHA MOJIKA SURUTO GENJITSUKA SURU" by Hiroyuki Yokokawa

Copyright © 2020 Hiroyuki Yokokawa

All rights reserved.

Original Japanese edition published by WAVE Publishers Co., Ltd.

This Korean edition is published by arrangement with WAVE Publishers Co., Ltd., Tokyo in care of Tuttle-Mori Agency, Inc., Tokyo, through Danny Hong Agency, Seoul.

이 책의 한국어판 저작권은 대니홍 에이전시를 통한 저작권사와의 독점 계약으로 알파미디어에 있습니다. 저작권법에 의해 한국 내에서 보호를 받는 저작물이므로 무단전재와 복제를 금합니다.

생각을 현실화하는
문자의 힘

요코카와 히로유키 지음 | 김정환 옮김

알파미디어

머리말

생각을 문자화하면 인생이 달라진다!

먼저 이 책을 손에 든 여러분에게 감사하다.

어쩌면 '나는 좀 더 대단한 사람이 될 수 있어'라고 생각해서 여러분은 지금 자신에게 만족하지 않을 것이다.

'무슨 근거로 그런 말을 하는 거야?'

이렇게 생각하는 사람도 있겠지만 근거는 간단하다. 그렇지 않다면 애초에 이 책을 읽기 시작했을 리 없기 때문이다.

어쩌면 지금까지 자신을 바꾸려고, 인생을 바꾸려고 여러 번 도전해 봤지만 전혀 뜻을 이루지 못했을지도 모른다. 목표를 세워도 달성하지 못하다 보니 목표에 대한 두려움이 생겨서 '목표란 달성할 수 없는 것'으로 여겼을지도 모른다. "자신에게 투자하는 것이 최고의 투자다!!"라는 말을 믿으며, 이 책 저 책을 사서 열심히 읽고 세미나에도 적극적으로 참가하는 등 자기 투자에 힘썼지만 기대했던 성과를 얻지 못했을지도 모른다.

"당신 자신을 사랑하십시오."

이런 말을 들어도 자신을 사랑하게 되기는커녕 무엇을 해도 원하는 결과를 얻지 못하는 자신에게 점점 더 실망했을지도 모른다.

그럼에도 자신을 도저히 포기할 수 없고, 마음속 어딘가에서 여전히 자신의 가능성을 믿고 있기에 자신의 가능성을 열어 줄 힌트가 숨어 있을지도 모른다고 생각할 것이다. 그래서 이 책을 읽고 있을 것이다. 그렇지 않은가?

먼저 내 소개를 하겠다. 나는 요코카와 히로유키라는 사람이다. 솔직히 말하면, 앞에서 한 이야기는 전부 내 경험담이다. 과거의 나는 자신에게 만족하지 못했고, 나는 좀 더 대단한 사람이 될 수 있다고 생각해 수없이 도전했지만 뜻을 이루지 못했다. 그래서 목표에 대한 두려움이 있었고, 열심히 자기 투자를 했지만 기대했던 성과를 얻지 못했다.

시스템 엔지니어로 취직했지만 시스템 문제에 휘둘리는 일상에 신물이 나서 재무설계사 공부를 시작했고, 그 지식을 사람들에게 가르쳐 줄 수 있는 생명보험 영업직으로 의기양양하게 자리를 옮겼다. 그러나 '반드시 성공할 수 있어!!'라는 한결같은 마음과 달리 현실은 녹록지 않아서, 거의 실적을 올리지 못하다 4년 반 만에 해고될 정도로 무능한 인간이었다.

그런 내가 자기소개에 관한 책을 세 번째로 출간하는 가장 큰 요인은 바로 '생각의 문자화'다. 생각을 문자화함으로써 나 자신과 인생을 바꿀 수 있었다.

또한 그 노하우를 온라인상에서 배우며 실천해 가는 '문자화 합숙'이라는 온라인 스쿨을 만들었다. 2013년부터 지금까지 19기를 개최했는데 중소기업의 사장에서 전업 주부까지, 20세에서 70세까지, 폭넓은 업종과 연령대에서 약 200명이 참가해 자신을 변화시키는 데 성공했다. 예를 들면 다음과 같다.

- "걸어 다니는 부정적 사고방식"이라고 놀림 받던 사람이 지금은 주위로부터 "걸어 다니는 긍정적 사고방식"이라는 말을 듣게 되었다.
- 일개 물리치료원의 원장이 책을 다섯 권이나 내고 전국을 무대로 활동하게 되었다.
- 무엇을 해야 할지 몰랐던 전업 주부가 자신의 기술을 활용해 세미나와 이벤트를 개최하고 있다.
- 반에서 전체 40명 중 39등이었던 학생을 나고야대학교 합격으로 이끌어 "학생 지도는 이 선생님에게 맡겨라"라는 평가를 받게 되었다.
- 인기가 없던 세미나 강사가 전국에서 의뢰가 쏟아지는 인기 강사로 변모했다.

수많은 참가자가 자신을 변화시켜 갔다.

이 책에서는 나와 참가자들이 변화한 사례를 근거로, 생각을 문자화함으로써 인생을 바꾸는 방법을 소개할 것이다. 다만 억만장자가 된다든가, 인플루언서가 된다든가, 시대의 총아가 되는 방법은 아니다. 나 자신이 실현하지 못한 것을 마치 실현할 수 있을 것처럼 이야기할 수는 없는 노릇이기에 먼저 그 점을 분명하게 말하고 넘어가겠다. 만약 억만장자라든가 인플루언서, 시대의 총아가 될 방법을 찾는다면 이 책은 당신에게 도움이 되지 않으니 실제로 그런 목표를 이룬 사람이 쓴 책을 읽길 바란다.

내가 소개하려는 것은 생각의 문자화를 통해서 자신의 마음이나 생각을 바꾸는 방법, 그리고 자신과 관계를 맺는 사람들을 더 긍정적인 방향으로 이끄는 방법이다.

교정 단계에서 이 책의 원고를 읽은 분들은 다음과 같은 감상을 말씀해 주셨다.

- 매우 술술 읽었다. '어, 벌써 끝이야?'라는 것이 솔직한 감상이다. 더 읽고 싶다.
- 실천 과제도 많고, 책을 읽으면서 실천할 수 있어서 자신감과 변화를 즉시 얻을 수 있었다.
- 일화가 많이 소개되어 있어서 이미지를 떠올리기가 쉬웠다.

- 실패를 바라보는 시각이 달라졌다.
- 왜 내가 그동안 생각을 현실로 만들지 못했는지 알 수 있는 책이었다.
- 종반에 이 질문이 나와서 가슴이 '뜨끔!'한 동시에 '아하, 그렇구나!'라는 깨달음을 얻었다. 처음부터 다시 한번 읽어 보려 한다.

생각의 문자화는 매우 평범해 보이는 주제다. 그러나 당신이 '시대를 예측할 수 있는 감각'의 소유자라면 이것이 얼마나 중요한 주제인지 눈치챘을 것이다. 그런 사람은 부디 책장을 넘겨서 본문을 읽어 보길 바란다.

이 책의 활용법

무엇을 문자화해야 할지 모르겠어…….

이런 독자를 위해 문자화 실천 과제 30개를 본문의 중간중간에 삽입했다.

실천 과제에 정답·오답은 없다. 학교 교육을 통해서 형성된 사고 습관이 강한 사람에게는 어렵게 느껴질 수도 있지만, 그 사고 습관이야말로 생각에 제동을 거는 걸림돌의 정체다. 생각의 제동을 푸는 것이 실천 과제의 목적이기에 제동을 거는 요인이 될 수 있는 회답의 예시나 각 장의 요약 등은 최대한 줄였다. 누군가에게 보여 줄 것이 아니니 머릿속에서 든 생각을 그대로 문자화하길 바란다. 실천 과제를 전부 마치면 생각을 술술 문자화할 수 있게 될 것이다.

다만 책을 처음 통독할 때는 딱 하나를 제외한 나머지 실천 과제는 전부 건너뛰면서 읽어도 무방하다(그 하나가 무엇인지 신경 쓰이는 사람도 있겠지만, 일단은 잊어버리길 바란다).

독서란 책에 적혀 있는 문자 정보를 자신의 일상생활에서 활용할 수 있는 지식으로 변환해 실천하는 것이다. 책에 적혀 있는 문자 정보를 읽어서 지식을 늘린들, 그것을 사용하지 않으면 금방 잊고 만다. 두 번째로 통독할 때 실천 과제를 수행하면 지식이 머릿속에 잘 남도록 설계했으니 부디 두 번 이상 읽었으면 한다.

약 20명이 교정 단계의 디지털 원고를 다 읽는 데 걸린 평균 시간은 1시간 남짓이었다. 그러므로 종이책이라면 1시간 안에 읽을 수 있으리라고 생각한다. 실천 과제는 두 번 이상 읽을 때부터 해도 무방하다.

여기까지 읽고 만약 조금이라도 흥미를 느꼈다면 즉시 나와 함께 생각을 문자화해 현실로 만들기 위한 첫발을 내딛도록 하자.

차례

머리말 생각을 문자화하면 인생이 달라진다! · 4
이 책의 활용법 · 9

1장 생각을 현실로 만드는 사람, 만들지 못하는 사람

01 모든 사람은 생각을 현실로 만들 능력을 지니고 있다 · 19
02 어떤 생각이든 현실이 되는 것은 아니다 · 22
03 왜 생각을 문자화해야 하는가? · 25
04 생각을 현실로 만드는 사람의 성공 습관 사이클 · 28
05 생각을 현실로 만들지 못하는 사람에게는 무엇이 부족한가? · 31
06 인생은 과거에 했던 생각이 만들어 낸 결과물이다 · 33
07 무의식 속 생각을 바꿀 유일한 방법 · 35

2장 자신이 원하는 것을 찾아내서 목표로 바꾼다

01 먼저 미래를 문자화한다 · 41
02 왜 불평하지 말아야 하는가? · 44

03	자신의 머리를 비우는 브레인 덤프	• 46
04	하고 싶은 것을 분류한다	• 50
05	하고 싶은 것에 기한을 정해서 목표로 만든다	• 53
06	지각하지 않는 사람은 목표 달성의 달인이다	• 56
07	구체적으로 달성 여부를 판단할 수 있는가?	• 58
08	목표를 세우는 것에는 '좋은 점'이 있을까?	• 61
09	목표는 크게 설정한다	• 64
10	그 목표에 가치를 느끼고 있는가?	• 66
11	목표가 행동을 만들어 낸다	• 68
12	목표를 달성하면 잃게 되는 것에도 주목한다	• 70
13	목표는 바꿔도 된다	• 72

3장 마음을 강하게 만드는 '네 가지 관점'을 문자화한다

01	쇼핑몰에서 떼를 쓰는 아이들에게 배운다	• 77
02	마음은 네 가지 관점으로 구성되어 있다	• 79
03	인간은 자신 이외의 다른 사람을 생각하면 '힘'을 발휘할 수 있게 된다	• 86
04	분량이 부족할 경우는 어떻게 해야 할까?	• 88
05	모호하게 말하지 말고 단정적으로 말한다	• 90
06	목적·목표 설정이 끝난 뒤에 빠지는 함정	• 93
07	결과를 내기까지는 시간이 걸린다	• 96
08	언제 목표를 포기해야 하는가	• 98

4장 현실이 될 때까지 행동을 계속하는 비결

01	행동하지 못하는 자신을 인식한다	• 103
02	인간은 현재 상태를 유지하고 싶어 하는 생물이다	• 105
03	왜 새로운 것을 시작하면 몸 상태가 나빠질까?	• 107
04	'사즉실행'에 익숙해지기 위한 연습	• 109
05	행동은 최대의 암시다	• 113
06	하자고 생각은 하면서도 하지 않은 것부터 시작하자	• 115
07	작은 행동을 할 수 있었던 나를 인정해 준다	• 117
08	이 순서는 반드시 지키자	• 119
09	빠지기 쉬운 함정을 피하는 방법	• 121
10	행동하기 전의 감정, 행동한 뒤의 감정을 문자화한다	• 123
11	문자의 양을 늘려서 표현할수록 이미지가 구체적으로 된다	• 127
12	지금 당장 할 수 있는 것을 하면 행동이 가속화된다	• 130

5장 자신을 인정하는 힘인 '자인력'이 당신을 바꾼다

01	성과를 내는 사람은 작은 일에 기쁨을 느낀다	• 135
02	금방 성과가 나기를 기대해서는 안 된다	• 137
03	성급하고 '기다릴 줄 모르는' 현대인	• 139
04	작은 것에 성취감을 느끼는 습관을 들인다	• 141
05	작은 성과로는 인정받지 못한 경험	• 143
06	자신이 정한 타이밍에 글을 쓴다	• 146

07	왜 잠들기 전을 추천하는가?	• 148
08	할 수 있었던 것에 주목한다	• 150
09	왜 '할 수 있었는가?'를 생각해 본다	• 153
10	실패 '할 수 있었다'고 인정할 수 있는가	• 155
11	실패했을 때 해서는 안 되는 두 가지 행동	• 157
12	만약 다시 한번 할 수 있다면	• 160
13	타인에게 인정받지 못하더라도 자신을 인정해 준다	• 162
14	자신과 타인을 비교하지 않는다	• 164
15	자인력을 비약적으로 성장시키는 유일한 비결	• 165

6장 현실로 만드는 '힘'을 키우는 공부법

01	현실로 만드는 '힘'이 없기에 더더욱 배워야 한다	• 171
02	배운 것을 '힘'으로 바꿀 수 있을지 없을지는 배우기 전 단계에 이미 99퍼센트 결정된다	• 174
03	여기까지 진지하게 읽은 사람만이 얻을 수 있는 깨달음	• 177
04	얻겠다고 결정한 것을 얻기 위한 열쇠를 쥐고 있는 가장 중요한 인물은?	• 179
05	누구를 주어로 삼느냐에 따라 달라진다	• 181
06	배움을 방해하는 적	• 183
07	배움의 종착점을 어디로 설정해야 할까?	• 186
08	배움에 낭비가 없어지는 브리징법	• 188

09	배운 것을 정리하기 위한 필수 아이템	• 192
10	일단은 우직하게 실천해 본다	• 194
11	가르쳐 준 사람에게 적극적으로 물어보자	• 197

후기 하루에 1퍼센트의 시간을 문자화에 할애하면 인생이 100퍼센트 달라진다 • 199
참고문헌 • 203

1장

생각을 현실로 만드는 사람, 만들지 못하는 사람

01
모든 사람은 생각을 현실로 만들 능력을 지니고 있다

생각을 문자화하는 방법을 구체적으로 소개하기에 앞서, 생각을 현실로 만드는 사람들의 사고방식에 관해서 이야기하겠다. 이것을 이해하면 생각을 현실로 만드는 속도가 훨씬 빨라질 것이다.

『생각하라 그리고 부자가 되어라』를 쓴 나폴레온 힐을 비롯해 성공을 거둔 수많은 사람이 이구동성으로 "생각은 현실이 된다"라고 말했다. 그런데 생각해 보자. 그들의 말이 진실이라면 이 세상은 성공한 사람들로 넘쳐나야 하지 않을까? 사람은 누구나 성공을 꿈꾸니 말이다.

그러나 현실은 그렇지 않다. 그렇다면 "생각은 현실이 된다"라는 말은 극소수 특별한 사람들에게만 적용될 뿐, 우리 같은 평범한 사람에게는 적용되지 않는 것일까?

이에 관해, 먼저 반대 시점에서 생각해 보자.

'현실은 당신이 과거에 했던 생각이 현실이 된 것이다.'

지금 이 순간, 당신은 이 책을 읽고 있다. 이것이 당신의 현실이다. 그렇다면 이 책을 읽고 있다는 현실은 무의식적으로 만들어진 것일까? 물론 그렇지 않다.

'무엇인가 내게 이익이 될 만한 내용이 적혀 있을지도 모르니 읽어 보자.'

이런 식으로 이 책을 읽어 보자고 결심한 순간이 과거의 어떤 시점에 있었을 것이다. 요컨대 이 책을 읽는 상황은 당신이 과거에 했던 생각이 현실이 된 것이라고 말할 수 있다. 아마도 지금 '무슨 그런 당연한 소리를 하고 있어?'라고 생각하겠지만 실제로 당신은 생각을 현실로 만드는 데 성공했다.

🖊 실천 과제 1

당신은 왜 이 책을 읽자고 생각했는가? 그 이유를 문자화해 보자.

이런 예는 어떨까? 초등학생 시절을 떠올려 보자. 아마도 당신은 전날 밤에 '내일도 학교에 가야 하는구나……'라고 당연하게 생각하면서 교과서를 챙긴 뒤 잠자리에 들고 다음 날 아침에 일어나서 학교에 가기를 반복했을 것이다.

일상의 업무를 예로 들면 어떨까? 당신이 어떤 일을 하는지는 알

도리가 없지만, 가령 회사에서 일하고 있다고 가정하자. 당신이 지금의 회사에서 일하는 것은 과거의 어떤 시점에 그 회사에서 일하자고 생각하고 결단을 내렸기 때문이다.

다음으로 회사의 책상 앞에 앉아 있는 자신의 모습을 머릿속에 그려 보길 바란다. 그럼 그 이미지를 실현하는 것은 어려운 일일까? 아니면 손쉬운 일일까?

아마도 손쉽게 실현할 수 있을 것이다. 가령 지금이 일요일 밤이고 집에서 이 책을 읽는다면, 다음 날 아침에 언제 일어날지, 어떻게 출근 준비를 할지, 집을 나와서 어떤 경로로 회사에 갈지에 관해 조금의 망설임도 없이 행동해 책상 앞에 앉아 있는 자신의 이미지를 현실로 만들 수 있다. 이것은 전혀 의심할 여지가 없다.

이처럼 이 책을 읽는 당신에게는 이미 생각을 현실로 만들 능력이 있는 것이다.

'생각을 현실로 만들 수 있다는 것이 사실이라면, 왜 나는 생각을 현실로 만들지 못하는 걸까?'

지금 이런 의문이 샘솟았을지도 모른다. 이것은 당연한 질문이다. 생각을 현실로 만드는 사람이 있는가 하면, 그러지 못하는 사람도 있기 때문이다. 그렇다면 그 둘의 차이는 무엇일까?

02

어떤 생각이든 현실이 되는 것은 아니다

    그 차이를 이야기하기에 앞서, 먼저 유감스러운 사실을 말해야겠다. '어떤 생각이든 현실이 되는 것은 아니다'라는 점이다.

    "뭐? 아까는 '모든 사람은 생각을 현실로 만들 능력을 지니고 있다'고 했잖아? 그래 놓고 이제 와서 '어떤 생각이든 현실이 되는 것은 아니다'라니. 이야기가 모순되는 거 아니야!?"

    지금 이렇게 화를 내는 사람도 있을지 모르겠는데, '어떤 생각이든'이라는 말에 주목하길 바란다.

    만약 이런 수험생이 있다면 당신은 무슨 생각이 들겠는가?

    "생각은 현실이 된다고? 그렇다면 꿈을 크게 가져서, 내년에 도쿄대학교에 합격한다고 생각하자. 편찻값은 40(편찻값 혹은 편차치는 한국의 표준점수 같은 지표로, 편찻값 40은 100명 중 84등에 해당한다-

옮긴이)이고 힘들게 공부하고 싶지도 않지만, 생각은 현실이 된다고 했으니까 공부하지 않아도 합격할 수 있을 거야.'

 이 말을 듣는다면 너무 어처구니없어서 할 말을 잃거나 "허튼소리 말고 당장 공부해!"라고 호통치고 싶어질 것이다. 도쿄대학교를 지망하는 사람들은 모두 자신이 합격하리라고 믿으며 열심히 공부한다. 그러나 정원 미달이라도 발생하지 않는 한 모두 합격할 수는 없다. 어떤 생각이든 현실이 된다면 모두 도쿄대학교에 입학할 수 있어야 하지만 현실은 그렇지 않다. 합격은 입학시험이라는 허들을 자신의 '힘'으로 뛰어넘은 사람에게만 주어진다. 즉 아무리 '합격하고 싶어'라고 생각해도 그 생각을 현실로 만들 정도의 '힘'이 없다면, 합격이라는 생각은 현실이 되지 않는다. 반대로 입학시험이라는 허들을 뛰어넘을 정도의 '힘'을 지녔다면, 시험을 보기 전에 했던 합격이라는 생각은 현실이 된다.

 생각이 현실이 될지 어떨지는 자신이 그것을 현실로 만들 정도의 '힘'을 지녔느냐에 달렸다.

 생각을 즉시 현실로 만들 수 있다면, 그것은 이미 그 생각을 현실로 만들 정도의 '힘'을 지니고 있어서다. 반대로 생각을 즉시 현실로 만들지 못한다면, 그것은 아직 그 생각을 현실로 만들 정도의 '힘'을 지니지 못했기 때문이다.

 '힘'을 지니지 못했다면 어떻게 해야 할까?

답은 간단하다. '힘'을 키우면 된다. 앞에서 입시를 예로 들었는데, 입시 공부는 합격하기 위한 '힘'을 키울 목적으로 하는 것이다. 그 힘은 하루아침에 생기지 않으며, 긴 시간을 들여서 키워 가야 한다. 따라서 그 긴 시간을 견뎌낼 수 있느냐가 매우 중요하다. 다만 견뎌낼 수 있다고 해서 반드시 합격을 손에 넣을 수 있는 것은 아니다. 다시 말해 손에 넣을 수 있을지 없을지 확실히 알 수 없는 일에 자신의 시간과 에너지를 쏟아부어야 한다.

당연히 괴로울 때도 있다. 포기하고 싶어지는 순간도 찾아올 것이다. 그러나 포기하면 그 순간 게임 오버다. 합격을 현실로 만들 '힘'을 키우지 못해, 결국 '합격하지 못한 자신'을 현실로 만들게 된다.

그렇다면 어떻게 '힘'을 키워야 할까? 이 이야기를 하기에 앞서, 생각을 현실로 만드는 '힘'이 강한 사람, 즉 결과를 내는 사람의 사고법·습관 사이클을 소개하겠다.

03

왜 생각을
문자화해야 하는가?

사람들은 '생각한다'는 행위를 머릿속에서만 하는 경우가 많다. 그러나 결과를 내는 사람들은 생각을 종이나 화면에 출력하는 작업을 한다. 한마디로 '문자화를 한다'는 뜻이다.

그렇다면 왜 생각을 밖으로 출력해야 할까?

이것은 계산 문제를 떠올리면 이해하기 쉽다. 구구단이나 두 자릿수까지 덧셈·뺄셈이라면 대부분 암산으로도 충분히 풀 수 있다. 그러나 두 자릿수의 곱셈이나 세 자릿수 이상의 계산 문제를 풀 때는 주산 학원 같은 곳에서 특수한 훈련을 받은 사람이 아닌 이상 암산보다 필산筆算을 선택할 것이다. 이유는 간단하다. 암산보다 필산이 더 정확하기 때문이다. 이것은 생각도 마찬가지다. 머릿속에서만 생각하기보다 밖으로 출력했을 때 더 정확하게 파악할 수 있다.

종이 등에 쓴 문자는 그 사람의 생각이 모습을 드러낸 것이다. 머릿속에서 생각하지 않은 것은 문자로 쓸 수 없다. 또한 문자의 양은 생각의 양과 정비례한다. 생각을 많이 하면 문자의 양도 많아지며, 반대로 생각을 별로 안 하면 문자의 양도 줄어든다. "나는 머릿속에서 생각은 많이 하는데 막상 문자로 쓰려고 하면 나오지 않아"라고 말하는 사람도 있는데, 미안하지만 그것은 그저 머릿속에서 무엇인가가 맴돌 뿐 생각하는 상태가 아니다.

우리에게는 자기 머릿속에 있는 것을 텔레파시로 상대방에게 전할 수 있는 능력이 없다. 물론 상대방의 머릿속을 들여다보지도 못한다. 머릿속에 들어 있는 것을 상대방에게 전하려면 언어를 사용해서 상대가 이해할 수 있게 정리해 표현해야만 한다.

머릿속을 정리하지 못하는 사람들의 공통점은 자신의 머릿속에서만 열심히 생각할 뿐 문자화하지 않는다는 것이다. 그러나 일단 문자화하면 디는 그 일에 관해서 머릿속의 자원을 사용할 필요가 없어지며, 따라서 다른 일을 생각하는 데 그 자원을 사용할 수 있게 된다. 뇌는 신기하게도 생각을 종이 등에 적어서 밖으로 출력하면 그 빈 공간을 사용해서 새로운 아이디어나 생각을 만들어 낸다. 가령 이 책도 처음 기획 단계에서 예정했던 내용과는 크게 달라졌는데, 원고를 쓰는 과정에서 좀 더 이해하기 쉽게 전달할 수 있는 형태를 찾아냈기 때문이다.

이처럼 생각을 문자로 적으면 그 과정에서 생각이 계속해서 업데이트되며, 그 결과 생각이 더욱 선명해지면서 점점 현실에 가까워진다.

✏️ 실천 과제 2

지금 당신의 머릿속에 떠오른 생각을 3분 동안 문자화해 보자. 정답·오답은 없으므로 자유롭게 써도 무방하다. "자유롭게 쓰라고 하지만 뭘 써야 할지 모르겠는데……" 같은 식으로 머릿속에 떠오른 생각을 무작정 적으면 된다. 종이에 적어도 좋고, 스마트폰이나 컴퓨터를 사용해도 상관없다.

04

생각을 현실로 만드는 사람의 성공 습관 사이클

생각을 현실로 만드는 사람들에게는 <그림 1>과 같은 성공 습관 사이클이 있다.

사람은 누구나 결과를 내고 싶어 하는데, 결과를 내려면 행동해야 한다. 결과를 만들어 내는 것은 행동이고, 그 행동을 만들어 내는 것은 생각이다. 결과를 내는 사람에게는 '결과를 내는 사고 습관'이 있으며, 반대로 결과를 내지 못하는 사람에게는 '결과를 내지 못하는 사고 습관'이 있다.

행동과 결과는 눈에 보이지만 생각과 감정은 눈에 보이지 않는다. 다시 말해, 결과와 행동만 봐서는 올바르게 생각하는지 알 수 없다. 그러니 문자를 사용해서 그 보이지 않는 부분을 보이는 형태로 만들자. 생각을 문자로 적으면 자신의 생각과 마주하게 되어 스스로 돌

<그림 1> 생각을 현실로 만드는 사람의 성공 습관 사이클

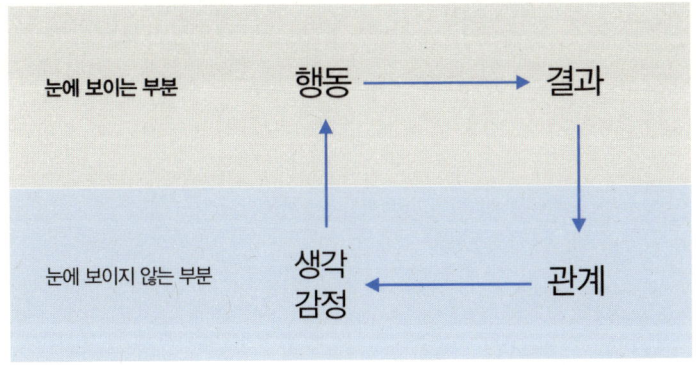

이켜볼 수 있다.

가령 당신이 왠지 모를 불안감을 느낀다고 가정하자. 무엇에 대해서 불안감을 느끼는지, 문법이나 형식 같은 것은 신경 쓰지 말고 문자로 표현해 본다. 문자화에 익숙하지 않은 사람은 말로 표현하지 못하기 때문에 '무엇이 불안한지 알지 못하는 것에 불안감을 느끼는' 경우도 있다. 그러니 머릿속에 떠오른 말을 무작정 문자화해 보길 바란다.

뇌과학의 지식에 따르면, 인간의 불안감은 뇌 속의 대뇌변연계와 편도체 같은 본능적으로 공포를 느끼는 부분에서 생겨난다. 그러나 불안감을 문자화하면 이성과 감정 조절을 관장하는 전두엽이 활동해 불안감을 억누르게 된다. 그런 눈에 보이지 않는 부분을 훈련해서 생각을 현실로 만드는 힘을 키우고 결과를 내는 성공 습관 사이클을 만들어 내는 과정을 나는 '문자화 매니지먼트'라고 부른다.

지금 "그런데 그림에 있는 '관계'라는 건 뭐지?"라고 생각한 사람도 있을지 모르겠는데, '관계'에 관해서는 실천 과제 이후에 이야기하겠다.

🖊 실천 과제 3

일단 책을 덮고 종이나 컴퓨터, 스마트폰의 화면 등에 불안감을 문자화해 보자. 가령 이 문장을 쓰는 나의 불안감 중 하나는 '독자 여러분이 실천 과제를 실천해 줄까?'라는 것이다. 이 불안감을 글로 적으면 대처법이 떠올라서 어떤 대책을 세울 수 있게 된다. 실제로 불안감을 가시화한 결과 '대처할 수 있을 것 같아'라는 긍정적인 마음가짐이 된 사람이 많으니 꼭 해 보길 바란다.

05

생각을 현실로 만들지 못하는 사람에게는 무엇이 부족한가?

'관계'는 성공 습관 사이클에서 가장 중요한 열쇠다. 그렇다면 대체 누구와의 관계일까? 바로 '나 자신'과의 관계다. 요즘 유행하는 표현으로는 '자기 긍정감'이라고 할 수 있다. 관계는 생각이나 감정보다 더 결과에 영향을 끼친다.

결과를 내는 사람은 무엇인가에 도전할 때마다 '나는 반드시 할 수 있어!'라고 자신을 신뢰하면서 행동한다. 그래서 설령 실패로 끝나더라도 포기하지 않고 끊임없이 도전을 거듭한다. 반면에 결과를 내지 못하는 사람은 '이번에도 실패하지 않을까?'라고 생각하는 습관이 있다. 그래서 생각한 대로 실패가 현실이 되어 버리며, '역시 나는 이 정도밖에 안 되는구나'라며 자포자기하다 이윽고 도전 자체를 포기하고 만다. 자포자기로만 끝나면 그나마 다행인데, 자신이 이루지 못한 일에 도전하는 사람들을 방해하기도 한다.

이 책을 읽는 당신은 '나는 더 대단한 일을 할 수 있어!'라며 자신의 가능성을 믿을 것이다. 그렇지 않다면 이 책을 읽기 시작했을 리 없으며, 설령 읽기 시작했더라도 이 부분을 읽기 전에 이미 책을 덮었을 것이다. 다만 미래의 가능성은 믿더라도 지금의 자신은 신뢰하지 못할지도 모른다. 지금의 자신을 신뢰하지 못하면 '신뢰받지 못하는 자신'이 축적되어 간다. 요컨대 지금의 자신을 신뢰하지 않으면 아무리 큰 성과를 내더라도, 아무리 돈이 많아도 영원히 자신을 신뢰하지 못한다. 설령 자신을 신뢰한다고 생각해도 실제로는 성과나 돈을 신뢰할 뿐 자신을 신뢰하는 것이 아니다.

그러므로 먼저 지금의 자신을 신뢰할 수 있어야 한다.

다만 자신을 신뢰할 수 있게 되려면 구체적 방법론을 알아야 한다. 그렇다면 어떻게 해야 할까? 이것은 매우 중요한 문제이기에 5장에서 더 자세히 설명하겠다.

06

인생은 과거에 했던 생각이 만들어 낸 결과물이다

생각을 현실로 만드는 사람들은 예외 없이 자신의 책임으로 자신의 인생을 만들고 있다고 생각한다. 물론 당신의 인생 역시 다른 누구도 아닌 자신이 만들어 왔으며, 앞으로도 만들어 나갈 것이다.

어쩌면 지금 다니는 직장에 불만이 있을지도 모른다. 그러나 수많은 회사 중에서 그 회사를 지망하고 입사 시험을 봐서 합격한 사람은 다른 누구도 아닌 바로 당신이다. 당신의 인생은 과거에 당신이 했던 생각에 걸맞은 결과물을 당신에게 제공한다. 아무리 현시점에서 힘든 인생을 산다고 해도, 그것은 과거의 자신이 했던 생각이 만들어 낸 결과물이다.

이 말을 듣고 "나는 이런 힘든 인생을 바란 적이 없다고!"라며 화를 낼지도 모르겠다. 그 분노는 충분히 이해한다. 그러나 당신이 만들어 낸 것이 아니라면 당신이 아닌 누군가가 만들어 냈다는 의미인데, 이것은 인생의 주도권을 자신이 아닌 누군가에게 넘겨줬다고 인정하는 셈이다. 물론 자연환경 등 자신의 힘으로는 어찌할 수 없는 제약도 많다. 그러나 그런 제약 속에서 무엇을 선택하고 어떤 결정을 할지는 자신이 주도권을 쥐고 자유롭게 할 수 있다.

또한 '힘'을 키우면 그 제약의 범위를 서서히 넓혀 나갈 수 있게 된다. 가령 어렸을 때는 돈을 벌 힘이 없기 때문에 용돈의 범위 안에서 무엇을 살지 궁리해야 했다. 돈이 모자랄 때는 조르거나 부탁하는 등의 방법으로 어른의 힘을 빌렸을 것이다. 그러나 나이를 먹어 돈을 벌 힘이 생기면서 살 수 있는 것도 더 늘어났다.

사고 싶은 것이 현재 수중에 있는 돈으로 살 수 있는 가격이라면 즉시 살 것이다. 그런데 돈이 모자란다면? 저금하면서 필요한 돈이 모일 때까지 기다리는 방법도 있고, 일단 돈을 빌려서 산 다음 돈을 갚아 나간다는 선택도 할 수 있다. 제약은 물론 존재한다. 그러나 인생의 주도권은 자신에게 있음을 의식하면서 '힘'을 키운다면, 그 제약의 범위를 서서히 넓혀 나갈 수 있다.

다만 "의식하면서"라고 말하기는 했지만 인간은 생각을 전부 의식하지는 못한다. 그러므로 내 인생의 주도권은 내가 쥐고 있다는 의식을 무의식의 영역에 심을 필요가 있다.

07

무의식 속 생각을 바꿀 유일한 방법

    2005년에 미국 국립과학재단이 발표한 연구 결과를 보면, 사람이 하루 동안 하는 생각의 횟수는 5만에서 6만 회에 이른다고 한다. 이 횟수가 옳다고 가정했을 때, 우리는 그 생각들을 전부 인식하고 있을까? 절대 그렇지 않다. 우리가 인식할 수 있는 생각은 극히 일부에 불과하다. 인식할 수 있는 생각보다도 인식하지 못하는 무의식 속 생각이 훨씬 많다는 뜻이다. 그리고 의식했던 생각이 부정적이라면, 당연히 의식하지 못했던 생각도 부정적일 것이다.

    다시 한번 말하지만, 지금 현실이 과거의 자신이 했던 생각이 만들어 낸 결과물임을 받아들이지 못한다면, 인생의 주도권을 자신이 아닌 다른 누군가가 쥐고 있으며 스스로 자신의 인생을 통제하지 못한다고 인정하는 셈이 된다. 그리고 이것은 동시에 '인생은 나 자신의 힘으로 통제할 수 없는 것'이라는 암시를 자신에게 거는 것과 같다. 게다가 그 암시는 무의식의 영역에도 전해져서 '인생은 나 자신의 힘으로 통제할 수 없는 것'이라는 무의식 속 생각을 강화하게 되며, 그 결과 통제할 수 없는 환경이나 사건이 계속 눈앞에 모습을 드러내게 된다. 그 통제할 수 없는 사건 속에서 자신이 주도권을 쥐고 '통제할 수 있는 부분은 무엇인지', '통제할 수 없는 부분은 무엇인지'를 찾아내는 훈련을 하지 않으면 영원히 지금까지와 똑같은 인생만 반복될 뿐이다.

자신이 통제할 수 없는 부분에 시간과 에너지를 할애한들 자신이나 상황도 전혀 나아지지 않는다. 안 되는 것은 안 되는 것이다. 반대로 통제할 수 있는 부분을 찾아냈다면 즉시 행동하자. 행동을 하면 무의식의 영역에 '나는 인생을 통제할 수 있다'라는 생각을 심을 수 있다. 수많은 제약 속에서 자신이 할 수 있는 것을 찾아내 행동으로 옮기면, '힘'이 붙어서 세력의 범위가 넓어지며 그 결과 생각을 현실로 만들 수 있게 된다.

생각을 현실로 만들지 못하는 것은 아직 '힘'이 부족하기 때문이다. 그렇다면 어떻게 해야 '힘'이 생길까? 다음 장부터 그 구체적인 방법에 관해서 이야기하겠다.

✏️ 실천 과제 4

1장을 읽고 깨달은 점이나 감상을 문자화해 보자.

2장

.
.
.

**자신이 원하는 것을 찾아내서
목표로 바꾼다**

01

먼저 미래를 문자화한다

    1장에서 이야기했듯이, 생각은 현실이 된다. 당신의 현실을 만든 것은 과거의 생각, 그중에서도 주로 무의식의 영역에 있는 생각이다. 다만 안타깝게도 어떤 생각이든 현실로 만들 수는 없다. 그 생각을 현실로 만들 '힘'이 부족하면, 아무리 애를 써도 현실이 되지 않는다. 그렇다면 '힘'을 키우기 위해서는 어떻게 해야 할까? 일상의 행동을 바꿔야 한다.

    가령 당신에게 초등학교 2학년인 자녀가 있는데, 토요일 아침 식사 시간에 그 아이가 당신에게 이렇게 말했다고 가정하자.

    "다음 주 수요일에 구구단 시험을 보는데, 꼭 100점을 맞고 싶으니 도와주세요!"

    당신은 자녀를 어떻게 돕겠는가?

목표는 명확하다. 따라서 먼저 목표와 현재 사이에 어느 정도 차이가 있는지 확인할 것이다. 구구단을 외우게 해 보니 6단 이후로는 헷갈리는 것 같았다. 만점을 받기에는 아직 힘이 부족한 것이다. 그래서 아침 식사를 하기 전과 잠들기 전에 자녀의 구구단을 들어 주는 시간을 마련해서 돕기로 했다.

이와 같이 미래와 현재의 격차를 메우려면 어떻게 행동해야 할지 생각하고, 그것을 계획에 반영한 다음 실천한다.《그림 2》 구구단 시험을 보는데 구구단 암기가 아니라 한자 공부를 매일의 계획에 집어넣는 사람은 없을 것이다. 시험일 전까지 매일 구구단을 외우게 함으로써 만점을 받기 위한 '힘'을 키운다. 그리고 시험 당일을 맞이한다.

〈그림 2〉 현재와 미래의 격차를 명확히 한다

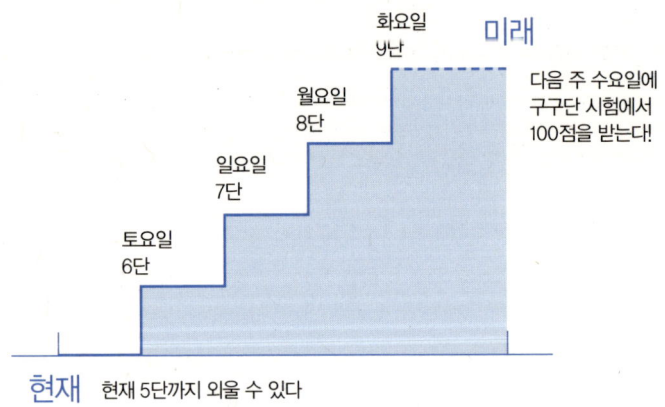

미래를 문자화하면 현실과의 격차가 보이게 되며, 그 격차를 메우고자 행동하게 된다. 또한 행동하는 동안에는 문자화한 미래를 실현하려는 생각이 머릿속의 대부분을 차지하므로 현실이 될 가능성이 커진다.

이런 예를 든 이유는 자신이 지향하는 미래를 문자화하지 않는 사람이 너무도 많기 때문이다. 그 사람이 미래를 문자화하는지 알 수 있는 질문이 있다. 이 질문을 했을 때 3초 안에 대답한다면, 다시 말해 즉답한다면 그 사람은 미래를 문자화하는 것이다.

어떤 질문인지 궁금한가? 그 질문은 다음과 같다.

"당신의 현재 목표를 가르쳐 주십시오."

아마도 이 질문에 즉시 대답하지 못하는 사람이 대부분일 것이다. 당신은 어떤가?

미래를 설계하지 않으면 생각은 바뀌지 않으며, 생각이 만들어 내는 행동도 바뀌지 않는다. 당연히 결과도 바뀌지 않는다. 요컨대 매일 평소와 똑같은 하루를 보낸다는 현실이 만들어지는 것이다.

🖉 실천 과제 5

당신의 현재 목표를 문자화해 보자. 만약 목표가 없다면 빈칸으로 남긴 채 다음으로 넘어가도 무방하다.

02

왜 불평하지 말아야 하는가?

매일 자신의 현재 상황에 대해 불평한다면 그것은 굉장히 심각한 상태다. 점점 더 불평을 늘어놓고 싶어지는 상황이 현실이 되어 가기 때문이다.

가령 직장에 대해 불평한다고 가정하자. "나는 열심히 일하는데, 주위에서는 그런 나를 제대로 평가해 주지 않아" 같은 불평을 하는 사람이 눈앞에 있는 자신의 업무에 진지하게 임할까? 그럴 가능성은 작다. 아마도 적당히 처리하고 넘어갈 것이다. 문제는 그렇게 적당히 업무를 처리하고 넘어가려는 자세가 다른 사람들의 눈에 빤히 보인다는 사실이다. 당연한 말이지만 그런 식으로 적당히 일하는 사람을 높게 평가할 사람은 없다. 설령 진지하게 임한다 해도 그 사람의 불평에 질린 주위 사람들은 긍정적으로 평가해 주지 않는다. 그리고 높은 평가를 받지 못한 결과 또다시 "나는 열심히 일하는데 주위에서는 그런 나를 제대로 평가해 주지 않아"라며 불평하기 시작한다. 불평을 늘어놓음으로써 더욱 불평을 늘어놓고 싶어지는 상황을 스스로 현실화하고 만다.

'열심히 일하면 언젠가는 보답을 받을 거야'라고 생각하지만, 그 '언젠가'는 영원히 찾아오지 않는다. 평소와 같은 하루를 보내는 것은 자신이 선택한 결과일 뿐인데, 그럼에도 '신데렐라'처럼 마법사가 나타나서 다른 세계로 데려가 주리라고 믿는 사람이 많다. 마법사가 존재하지 않음을 증명할 수는 없지만, 이 책을 읽는 당신은 그런 있을지 없을지 알 수 없는 마법사에게 자신의 인생을 맡기기보다 자신의 힘으로 미래를 그리고 그 미래를 실현하겠다는 마음이 강할 것이다.

그렇다면 미래를 어떻게 설정해 나가야 할까? 미래를 설정하기에 앞서, 먼저 해야 할 일이 있다. '브레인 덤프'라는 것이다.

03

자신의 머리를 비우는 브레인 덤프

'브레인 덤프'라는 말을 들어 본 적이 있는가? 'Brain(=뇌)'과 'Dump(=내던지다)'라는 단어를 조합한 말로, 주제를 정한 다음 머릿속에 떠오른 생각을 전부 적는 것이다. 자신의 머릿속에 있는 생각을 철저히 문자 등으로 적어 나간다. 내가 주최하는 합숙 형식의 온라인 스쿨에서는 '전원이 1,000개를 적기 전까지 아무도 잘 수 없다'라는 규칙을 정해 놓고 하지만, 처음부터 이렇게 하면 허들이 높으니 일단 15분 동안 적는 것부터 시작하길 바란다.

준비물은 백지와 펜만 있으면 충분하다. 다음 실천 과제로 이어지므로 포스트잇도 준비하면 금상첨화다. 포스트잇은 나중에 배열을 바꿀 수 있어서 매우 편리하다. 만약 포스트잇이 없다면 그냥 백지에 써도 무방하다.

이번 주제는 '하고 싶은 것'이다.

이때의 핵심은 15분 동안 손을 멈추지 않는 것이다. '다시 생각해보니 이건 하고 싶은 것이 아니야'라든가 '이런 걸 적어도 되나?' 같은 판단은 일절 필요 없다. 판단을 하면 뇌가 판단을 하기 위해 활동하기 때문에 하고 싶은 것을 찾아내지 못하고 만다.

"내가 뭘 하고 싶은지 모르겠어요. 못 찾겠어요"라고 말하는 사람이 종종 있는데, 그래서 물어보면 하고 싶은 것이 정말로 없지는 않다. 하고 싶어 하는 것은 분명히 있다. 그렇다면 무엇이 문제일까? 그런 사람들의 공통점은 '다른 사람들의 시선을 신경 쓴다'는 것이다. '이런 것을 하고 싶다고 말하면 주위 사람들이 어떻게 생각할까?'라는 걱정이 자신의 마음보다 앞서 버린다. 그래서 내게 "제가 이런 것을 해도 되는 걸까요?"라고 물어본다.

<u>다른 누구의 인생도 아닌 자신의 인생이며, 당신이 적은 것을 누구도 읽지 않는다. 그러니 하고 싶은 것을 있는 그대로 떠올리고 종이에 적길 바란다.</u> 그것을 할 수 있을지 없을지 지레 판단할 필요는 전혀 없다.

"아, 하고 싶은 것이 생각나지 않네"; "왜 생각이 안 나는 걸까?" 같은 것을 적어도 무방하다. 어쨌든 손을 멈추지 말고, 계속 적어 나가자. 그러면 신기하게도 평소에 생각지도 못했던 것이나 잊어버렸던 것까지 문자의 형태로 모습을 드러내기 시작한다. 문자가 생각나지 않고 그림이 떠오른다면 그 그림을 그려도 상관없다. 목적은 어

디까지나 '머릿속에 채워져 있는 것을 밖으로 꺼내는' 것이다.
순서는 다음과 같다.

1. A4 용지 한 장과 펜(가능하면 포스트잇도), 타이머를 준비한다.
2. 타이머를 15분으로 설정한다.
3. 하고 싶은 것을 주제로 15분 동안 손을 쉬지 않고 움직인다.

이것이 전부다. 해 보면 알겠지만 평소에 자신이 무엇을 하고 싶은지 생각해 왔고 그것을 하도록 자신에게 허락할 수 있는 사람은 막힘없이 쓸 수 있다. 반대로 쓰다가 막혔다면 그 사람은 평소에 생각할 시간을 그다지 마련하지 않았거나 자신에게 허락하지 않았거나 둘 중 하나다.

자신에게 허락하지 않았음을 깨달으면 변화도 빨라진다. 가령 내 경우는 이랬다.

죽기 직전까지 계속 이 일을 하고 싶다. 사람에게는 반드시 그 사람만이 할 수 있는 역할이 존재한다. 그것을 깨닫도록 돕는 일. 이 일을 계속하려면 몸과 마음 모두 건강한 것이 바람직하다. 아니, 건강해야 한다. 그렇다면 지금보다 더 건강해지려면 무엇을 해야 할까? 그것은······.

이런 식으로 적어 나가는 사이에 생각이 점점 발산되고, 그렇게 떠오른 생각을 계속 적어 나간다. 핵심은 생각하는 것이 아니라 '손을 움직여서 쓰는' 것이다. '그렇구나. 나는 이런 생각을 하고 있었어'라는 생각이 들 만큼 무작정 손을 움직이길 바란다.

15분 동안 쉬지 않고 썼다면 다음으로 넘어가길 바란다. 지금 지하철 안에 있거나 해서 '글씨를 쓸 시간이 없을' 경우는 이대로 계속 읽어도 무방하다.

실천 과제 6

브레인 덤프를 하고 깨달은 점이나 감상을 문자화해 보자.

04

하고 싶은 것을 분류한다

하고 싶은 것을 적어 보고 여러 가지를 깨달았을 것이다. 그 깨달음을 부정하지 말고 진행하길 바란다. 다음에는 그것을 아홉 분야로 분류한다. A4 용지에 적었다면 다른 종이에 옮겨 적고, 포스트잇에 적었다면 떼어서 각 항목의 아래에 붙인다.

- 나 자신
- 일
- 건강(몸·마음)
- 인간관계
- 취미
- 교양

- 돈(수입·재산·노후)
- 가족·가정
- 봉사 활동

정답이나 오답은 없으니 당신의 직감을 따르면서 분류해 나가길 바란다. 분류해 보면 '이 분야는 너무 많고, 이 분야는 너무 적고……. 균형이 안 맞네'라는 생각이 들지도 모르는데, 그것이 지금 당신의 사고 패턴이다. 그 사고 패턴이 현재의 상태를 만들어 낸 것이다. 요컨대 그 균형을 바꾸면 당신의 사고도 바뀌어 간다.

브레인 덤프에 익숙해졌다면 부디 하나하나의 분야로 범위를 좁혀서도 해 보길 바란다.

일과 관련해서 하고 싶은 것은 무엇일까?
취미와 관련해서 하고 싶은 것은 무엇일까?
노후에 하고 싶은 것은 무엇일까?

핵심은 앞에서도 말했듯이 '손으로 펜을 움직여서 쓰는 것'이다. 이해할 수 없는 문장이어도 상관없다. 꼭 문자가 아니어도 괜찮다. "아"라든가 "으"라든가 "어렵네" 같은 것을 적어도 무방하다. 어쨌든 손을 멈추지 않는 것이 중요하다.

그렇게 해서 모습을 드러낸 것은 당신이 '하고 싶은 것'의 목록이다. 시간이 지나면 하고 싶은 것의 목록도 바뀌어 갈 것이다. 한 번 목록을 만들었으면 바꾸지 말아야 한다는 규칙도 없다. 부디 정기적으로 실천하면서 자신이 하고 싶은 것이 무엇인지 점검하길 바란다.

05

하고 싶은 것에 기한을 정해서 목표로 만든다

목록 중에서 일단 한 가지를 골라 보자. 그리고 날짜나 일시를 기재해서, 다시 말해 기한을 정해서 그것을 목표로 바꾸자.

목표라고 하면 왠지 특별하게 느껴질지도 모르지만, 우리는 일상에서 무의식적으로 목표를 세우며 살아간다. 이를테면 다음과 같다.

'지각하지 않도록 출근하자.'

'데이트 시간에 늦지 않도록 정시에 퇴근하자.'

이와 같이 무의식적으로 기한을 정해서 목표를 세우고 그 목표를 현실로 만들기 위해서 행동한다.

"다음에 밥 한번 같이 먹자."

"다음에 같이 한잔하자고!"

이런 대화를 누구나 해 본 경험이 있을 텐데 기한을 정하지 않은 약속은 현실이 되지 않는 경우가 대부분이다.

이처럼 무엇인가를 제안할 때 기한을 정하지 않는 사람은 하나같이 목표 설정을 잘 못한다. 반면에 성과를 내는 사람들의 공통점은 무엇인가를 제안할 때 곧바로 일정을 확인한다는 것이다.

"다음 달 1일 아니면 16일의 19시에 같이 식사를 하고 싶은데, 그때 시간 괜찮으신가요?"

이렇게 자기 주도로 일정을 세운다.

성과를 내는 사람에게 목표란 기한이 정해진 예정이다. 일단 예정을 정했으면 그 예정을 실현하기 위해 행동 계획을 세우고 실천해 나간다. 그리고 설정한 일시에 그 예정을 현실로 만든다. 요컨대 목표를 달성하는 것이다.

이 기한을 정하는 것이 가장 어려운 일이 아닐까? 나도 어렵게 느꼈던 시절이 있다. 날짜나 일시를 정하면 '그것을 꼭 해야 해'라는 의무감으로 바뀌는 기분이 늘었으며, 그것을 하지 못했을 때를 상상하고는 '하지 못해서 우울해질 바에는 그냥 처음부터 하지 말자'라는 선택을 해 버렸다. 그러나 이래서는 변하지 않는 현재를 선택하는 셈이기에 실패를 각오하고 기한을 정한 뒤 시도해 봤다. 그랬더니 목표를 달성하는 일이 늘어나는 것이 아닌가? 걱정은 기우였다.

일단 목표를 달성하는 데 성공하자, 그 성취감을 다시 맛보고 싶어져 다음에 또 도전하게 되었다. 물론 실패할 때도 있었지만, 내게 무엇이 부족한지 가르쳐 주는 실패라고 긍정적으로 생각하며 다시 도전하기를 반복하고 있다.

　기한을 정하면 행동 계획도 자연스럽게 달라진다. 1년 후, 2년 후, 혹은 3개월 이내……. 기한을 결정하면 남은 날수를 알 수 있고, 그 남은 날수에 따라 할 수 있는 행동이 달라진다. 가령 '가족 여행을 가고 싶다'라고 생각했을 때, 장소만 결정하고 날짜나 일시를 결정하지 않는다면 그 여행은 실현되지 않을 것이다. 그러나 기한을 정하면 그 생각은 목표로 변화하며, 목표로 변화하면 그 여행을 시작할 예정일까지 어떤 행동을 해야 할지 궁리할 것이다. 그런 다음 해야 할 행동을 철저히 찾아내 하나하나 착실히 실천해 나가면 결국은 여행, 즉 하고 싶은 것이 실현된다. 지금 당장 목표를 하나 적어 보길 바란다.

✏️ 실천 과제 7

브레인 덤프로 적은 '하고 싶은 것' 가운데 하나를 골라서 다음의 빈칸을 채워 나가자.
①에는 목표를, ②에는 기한(일시)을 적어 넣는다.
내 목표는 (①　　　　)다. (②　　　　)에 달성할 것이다.
이후의 실천 과제에서는 여기에 적은 목표를 사용할 것이다.

06

지각하지 않는 사람은
목표 달성의 달인이다

'나는 목표를 달성해 본 적이 없단 말이지'라고 불안하게 생각하는 사람도 있을지 모른다. 그러나 매일 아침 지각하지 않고 출근하고 있다면,

'업무 시작 시각이라는 기한까지 회사에 도착한다.'

이런 목표를 설정하고 그 목표를 실현하기 위해 최우선으로 행동한 결과가 나오는 것이다.

우리는 어렸을 때부터 강제로 정해진 기한 속에서 살아왔다. 그래서 '기한을 스스로 결정한' 경험이 적으며, 애초에 무의식의 영역에서 '기한은 누군가가 정해 주는 것'이라고 생각하는 사람이 많다.

목표 달성이 서툰 사람은 기한을 정하는 것이 서툰 사람이다.

다만 이것은 스스로 기한을 정하는 데 익숙하지 않을 뿐이다. 그

러므로 기한을 정하는 데 익숙해지면 목표를 달성할 확률도 높아진다. 발전 가능성이 무궁무진하다는 말이다.

지각하지 않고 출근했다면 그것은 그 출근 시간으로부터 역산해 기상 시간이나 몸단장을 할 시간 등을 결정함으로써 지각하지 않는다는 목표를 달성한 것이다. 지금 '지각하지 않는다는 건 목표가 아니잖아'라고 생각했을지도 모르겠는데, 자신이 의식해서 세운 목표가 아니라 강제로 주어진 목표라서 그렇게 생각할 뿐이다. 목표는 어떤 지점에 도달하려 하는 것이다. 가령 업무 시작 시각이 8시 반이라면 당신은 8시 반이라는 지점에 도달하고자 매일 행동하는 것이다.

또한 식사의 경우도 우리는 '○시부터 식사하려면 메뉴는……. 메뉴에 필요한 식재료는……. 언제 사러 나가야 할까? 예산은 얼마가 필요할까?' 등을 생각하고 행동함으로써 식사를 현실로 만든다.

이처럼 우리는 짧은 기한의 목표를 일상적으로 달성하고 있다. 그러므로 기한을 조금 늘리는 데 익숙해지면 된다.

07

구체적으로 달성 여부를 판단할 수 있는가?

"제 목표는 매일 활기가 넘치고 가슴이 두근거리는 생활을 하는 것입니다."

누군가가 이런 목표를 말한다면 당신은 어떤 생각이 들겠는가? 목표를 달성한 이미지가 머릿속에 떠오르지 않을 것이다. '활기가 넘치고 가슴이 두근거리는 생활'이라는 것은 사람마다 다르며, 느낌인 까닭에 그 순간 그 자리에서 실현할 수 있는 목표처럼 생각되기도 할 것이다.

반면에 입시나 스포츠라면 어떨까? 1장에서 예로 들었던 '도쿄대학교 합격'이라든가 '전국 대회 우승' 등은 목표가 명확하다. 그 밖에 기말고사에서 100점을 받는다든가 3월 말까지 매출 3억 엔을 달성한다든가 하는 목표에는 전부 기일이 정해져 있으며, 숫자가 들어가기 마련이다.

그렇다. 구체적으로 달성이 가능한지 판단할 수 있느냐 없느냐는 '숫자'가 들어가느냐 아니냐에 따라 달라진다. 이것도 당연하다면 당연한 이야기이지만, 세상에는 앞의 예처럼 목표에 숫자를 집어넣지 않는 사람이 많다. 이를테면 이런 식이다.

"주위에서 필요로 하는 사람이 되겠습니다."

"당당하게 의견을 말할 수 있는 사람이 되겠습니다."

"직장에 활기를 불어넣겠습니다."

물론 멋진 선언이지만 목표와는 조금 거리가 멀다. 가령 "주위에서 필요로 하는 사람이 된다"라는 말의 경우, '주위'는 누구이고 '필요'는 어떤 상태일까?

모호한 표현을 구체적으로 파고들어서 이런 목표를 세운다고 가정하자.

2020년 8월 25일에 ○○씨가 개최하는 ××선생님의 강연회에 스태프로 참가해 청중 100명을 모은다.

청중을 모아 본 경험이 있는 사람이라면 이런 스태프가 반드시 필요하다고 느낄 것이다.

목표가 결정되었다면 청중 100명을 모으기 위한 행동을 궁리하고 그 행동을 하나하나 실행해서 기일까지 100명 모집을 달성한다. 이때 중요한 것은 기일이 지난 뒤다. 만약 100명 모집을 달성했다면 왜 달성할 수 있었는지 그 성공 요인을 분석한다. 또한 달성하지 못했다면 '다시 한번 도전한다면 어떻게 해야 할까?'를 자신에게 물어보며 부족했던 점을 분석한다.

이와 같이 목표를 세우고 필요한 행동을 찾아내서 실천해 나가면 확실히 '힘'이 붙어서 생각을 현실로 만들 가능성이 높아진다.

🖊 실천 과제 8

해당하는 쪽에 동그라미를 치자.
실천 과제 7에서 적은 목표는 달성 여부를
- 판단할 수 있다
- 판단할 수 없다

08

목표를 세우는 것에는 '좋은 점'이 있을까?

"목표가 있는 것하고 없는 것하고, 어느 쪽이 더 생활에 의욕이 생기나요?"

이런 질문을 받는다면 당신은 뭐라고 대답하겠는가? 당신은 이 책을 읽을 정도로 의욕이 높은 사람이므로 틀림없이 "목표가 있으면 생활에 더 의욕이 생기지요"라고 대답할 것이다. 그렇다면 질문을 하나 더 하겠다.

"목표를 세우는 것에는 어떤 좋은 점이 있나요?"

이 질문에는 뭐라고 대답하겠는가? 내 강좌를 듣는 수강생들에게 물어보니 이런 대답이 돌아왔다. 지면 관계상 전부 적지는 못했으니 양해 바란다.

- 매일의 생활에 의욕이 생긴다.
- 목표를 세우고 달성하고자 노력하는 동료들과 연결된다.
- 시간을 효율적으로 사용하게 된다.
- 능률이 높아진다.
- 쓸데없는 데 정신이 팔리지 않게 된다.
- '어떻게 해야 할까?'를 생각하는 습관이 생긴다.
- 빠르게 성장할 수 있다.

그렇다면 반대로 "목표를 세우지 않으면 어떻게 되나요?"라는 질문에는 뭐라고 대답하겠는가? 이것도 수강생들에게 물어봤는데, 목표가 있을 경우와 정반대의 의견이 다수였다.

- 나태하게 하루를 보내게 된다.
- 생활에 의욕이 없다.
- 능률이 떨어진다.
- 시간을 대충 사용하게 된다.
- 성장이 느려진다.

목표가 있는 생활과 목표가 없는 생활. 어느 쪽을 선택할지 결정하는 주체는 바로 자신이다. 모든 목표를 현실로 만들 수 있을지는 알 수 없다. 그러나 그 목표를 향해서 행동하면 성장해서 '힘'이 붙고, 여러 명이서 한다면 함께 노력하는 동료를 얻을 수도 있다. 이처럼 목표가 있는 생활은 당신을 더 나은 인생으로 이끌어 줄 것이다.

🖊 실천 과제 9

다음의 빈칸을 채워 보자.
내가 목표를 세우는 것은 (   )이라는 점에서 이익이다.
내가 목표를 세우지 않는 것은 (   )이라는 점에서 손해다.

09

목표는
크게 설정한다

목표는 최대한 크게 설정하자. 크게 설정함으로써 자신의 가능성을 더 끌어낼 수 있다고 생각하면 된다. 가령 운동을 전혀 하지 않았던 40대 남성이 자신의 몸과 건강을 생각해서 '다이어트를 위해 러닝을 시작하자'라는 결심을 했다고 가정하자. 그 남성은 이런 생각을 했다.

'기껏 러닝을 시작하기로 결심한 이상은 언젠가 마라톤 풀코스를 완주할 수 있는 수준이 되고 싶지만, 지금의 내게는 너무 높은 목표야. 일단은 움직이는 것부터 시작해야지. 그러니 워킹부터 시작할까……'

'아니야, 기껏 러닝을 시작하기로 결심했으니 1년 후에 마라톤 풀코스를 완주한다는 목표를 세우자. 내 방식대로 달리는 것도 좋지만, 누군가 러닝을 가르쳐 줄 사람을 찾아서 훈련 스케줄을 짜 달라고 부탁해 그 스

케줄대로 실천해 나가는 거야.'

전자는 현재의 상태를 기준으로 미래를 생각하면서 지금 할 수 있는 일을 궁리했다. 반면에 후자는 미래에서 역산해 현재의 상태에서 할 수 있는 일을 궁리했다.

자, 어느 쪽이 마라톤 풀코스를 완주할 수 있을까? 당연히 후자다. 할 수 있을지 없을지는 해 봐야 알 수 있다. 그러나 해 보지도 않고 시작하기 전부터 불가능하다고 생각해 버리면 절대로 할 수 없다. 현재 상황을 기준으로 목표를 생각하면, 현재의 자신이 실현할 수 있는 미래에만 도달할 수 있다. 그러나 자신의 틀을 크게 뛰어넘은 목표를 생각하면, 그 목표에 도달할 가능성을 만들어 낼 수 있다.

자신의 힘만으로 도달하기가 어렵다고 해서 포기할 필요는 없다. 그럴 때는 다른 사람의 힘을 빌리면 된다. 큰 목표를 설정하는 것은 '자신의 가능성을 크게 넓히는' 결과로 이어진다.

10

그 목표에 가치를 느끼고 있는가?

목표를 가졌을 경우도 그 목표에 가치를 느끼느냐 아니냐에 따라 의욕의 크기가 달라진다.

자신이 가치를 느끼느냐 느끼지 못하느냐의 기준은 두 가지다.

1. 스스로 결정한 목표다

출근 시간처럼 누군가에게 주어진 것이 아니라 자신이 결정했으며 진심으로 달성하고 싶어 하는 것인가 아닌가?

2. 목표를 보기만 해도 감정이 움직인다

그 목표를 보기만 해도 가슴이 뜨거워지거나 따뜻해지면서, '좋았어! 해 보는 거야!'

이런 감정이 자연스럽게 솟아나는가, 아닌가?

이처럼 주체적으로 결정했으며 감정이 움직이는가가 가치를 느끼느냐 느끼지 못하느냐의 기준이며, 둘 중에서도 특히 2가 중요하다.

감정을 영어로는 'Emotion'이라고 한다. 'E'는 'Energy(에너지)'이고, 'motion'은 움직임이다. 요컨대 감정은 에너지가 움직이는 것이며, 그 에너지가 우리를 행동으로 이끈다. "의욕이 나지 않아서 고민입니다"라는 고민 상담을 종종 받는데, 그것은 에너지가 솟아나지 않기 때문이다. 애초에 '목표가 없는' 상태에서는 에너지가 솟아나지 않기 때문에, 나는 "어떤 목표가 있으신가요?"라고 되묻는다. 그러면 목표를 즉시 대답하지 못하거나 대답은 하지만 그 목표가 구체적이지 않거나 둘 중 하나인 경우가 대부분이다.

여기까지 읽은 당신은 '목표는 있지만 의욕이 나지 않아'라는 고민에 빠질 때가 많지 않을까 싶은데, 의욕은 동기 부여가 될 때 나온다. 그리고 동기는 그 행동을 하는 이유나 마음이다. 왜 그것을 달성하고자 하는가? 그리고 달성한다면 어떻게 되는가? 이 두 가지를 생각함으로써 마음을 강하게 만들 수 있다.

✏️ 실천 과제 10

다음의 빈칸을 채워 보자.
내가 목표를 달성하고 싶어 하는 이유는 (　　　)이다.
그 목표를 달성하면 (　　　)을 얻을 수 있기 때문이다.

11

목표가 행동을
만들어 낸다

목표 설정의 가장 큰 효과는 '행동이 만들어진다'는 것이다. 목표를 세우면 그와 동시에 '그 목표를 달성하기 위해 무엇을 해야 하는가?'도 생각할 터다. 만약 행동이 만들어지지 않는다면 그것은 목표가 될 수 없다.

행동을 하면 확실하게 목표에 가까워질 수 있다. 행동하지 않으면 '힘'은 붙지 않는다. '힘'이 붙지 않으면 목표는 달성할 수 없다.

목표를 달성한 이미지를 갖는 것은 중요하다. 그러나 이미지를 갖는 것만으로 목표가 달성된다면, 세상의 모든 사람이 목표를 달성했을 것이다. 그 이미지를 가짐으로써 솟아난 감정의 에너지는 새로 만들어진 행동에 사용하면 된다.

🖉 실천 과제 11

다음의 빈칸을 채워 보자.

내가 목표 달성을 위해서 내디딜 최초의 한걸음은 (　　　)이다.

(　)월 (　)일 (　)시에 실천한다.

12

목표를 달성하면
잃게 되는 것에도 주목한다

지금까지 좋은 말만 해 왔는데, 목표를 달성하면 잃게 되는 것이 있다는 점도 절대 잊지 말아야 한다.

지금의 당신과 목표를 달성했을 때의 당신은 별개의 사람이다. 가령 당신은 현재 누군가에게 고용되어서 일하지만 언젠가 독립한다는 목표를 세웠다고 가정하자. 독립하면 이런저런 굴레에서 해방되어서 자신이 하고 싶은 일을 하며 수입을 얻을 수 있게 된다. 그러나 독립을 하면 지금까지 안정적으로 들어오던 매달 급여가 들어오지 않는다. 인간관계도 달라질지 모른다. 지금까지 친하게 지냈던 친구들과 사고방식이 달라져서 소원해질 수도 있다. 그 친구들은 당신을 걱정해 "독립하려는 생각은 그만두는 편이 좋아"라고 말릴지도 모른다. 그래도 독립하려면 그 친구들의 마음을 뿌리쳐야 하며, 친구들은 자신의 생각에 부응해 주지 않은 당신에게 반감을 품을지도 모른다.

'얻을 수 있는 것'만을 바라보면 생각지도 못한 곳에서 발목을 잡아끌릴 수 있다. 그러니 부디 '잃는 것'에도 주목해, 설령 그것을 잃더라도 꼭 손에 넣고 싶은 목표로 완성하길 바란다.

🖊 실천 과제 12

목표를 달성하면 얻을 수 있는 것, 잃게 되는 것을 각각 생각나는 대로 적어 보자.

얻을 수 있는 것

잃게 되는 것

13

목표는 바꿔도 된다

목표를 향해서 움직이다 보면 목표에 위화감을 느낄 때도 있고, 상향 수정 혹은 하향 수정을 할 때도 있다. '한 번 정한 목표는 바꾸면 안 돼'라고 생각하는 사람도 많지만, 그런 의무는 없다. 의무가 되어 버리면 그 목표를 바라보기만 해도 한숨이 나오면서 의욕을 잃을 가능성조차 있기 때문에 오히려 좋지 않다.

당신은 목표를 달성하기 위해 행동하는 과정에서 여러 가지 배움과 경험을 얻으면서 성장해 나갈 것이다. 그렇게 성장한 당신은 현 단계의 당신과 다른 사람이기에 목표가 바뀐다 해도 절대 이상한 일이 아니다.

만약 목표를 보고 위화감이나 의무감으로 느꼈다면, 그것은 목표를 바꿀 시기라는 의미다.

당신이 세운 당신 인생의 목표다. 그러니 위화감이나 의무감을 느끼게 되었다면, 다른 사람의 눈을 의식하지 말고 바꾸도록 하자. '도망치는 것은 부끄럽지만 도움이 되는' 것이다. 왜 기분이 바뀌었는지 원인을 분석해서 다음 목표로 이어 나가면 된다. 반대로 다른 사람의 눈을 의식한 나머지 목표를 바꾸는 것을 망설이면 능률이 떨어지고, 능률이 떨어져서 기분이 나빠지면 주위 사람들을 불편하게 만든다.

하고 싶은 것을 찾아내 그것을 목표로 바꿨다면 남은 것은 행동뿐인데, 자꾸 도중에 포기해서 어떻게 해야 행동을 계속할 수 있을지 고민하는 사람이 많다. 이에 관해 이야기하기에 앞서, 행동보다 더 중요한 '마음'에 관해서 이야기하고자 한다.

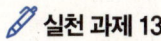 **실천 과제 13**
2장을 읽고 깨달은 점이나 감상을 문자화해 보자.

3장

마음을 강하게 만드는
'네 가지 관점'을 문자화한다

01

쇼핑몰에서 떼를 쓰는 아이들에게 배운다

너무나도 당연한 말이지만, 그저 바라거나 기도하기만 해서는 하고 싶은 것을 현실로 만들 수 없다. 현실로 만들려면 스스로 행동에 나서야 한다.

쇼핑몰에 가 보면 "장난감 사 줘~!"라며 떼쓰는 아이를 종종 볼 수 있다. 아이는 재력이 없기 때문에 원하는 것이 있어도 살 수 없다. 또한 어떻게 해야 살 수 있는지 방법도 알지 못한다. 그래서 자신이 할 수 있는 일인 떼쓰기에 온 힘을 다한다. 이것은 그 장난감을 손에 넣고 싶다는 마음이 강하기에 가능한 일이다.

물론 우리는 이제 어른이므로 원하는 것을 손에 넣고 싶다고 해서 떼를 쓸 수는 없다. 그러나 '꼭 손에 넣고 싶은' 것이 있을 때, 그것을 손에 넣기 위해 온갖 수단을 궁리하고 과감하게 행동으로 실천할 수는 있다.

목표를 달성하는 사람은 단 한 명의 예외도 없이 그 목표를 이루겠다는 마음이 강하다. 물론 목표를 이루겠다는 마음이 강하다고 해서 반드시 목표를 이룰 수 있는 것은 아니지만, 강한 마음은 목표를 달성하기 위한 절대 조건이다. 거꾸로 말하면, 행동하기를 그만두는 것은 '목표를 이루겠다는 마음이 그렇게까지 강하지 않았다'는 증거라고도 말할 수 있다.

그렇다면 어떻게 해야 목표를 이루겠다는 마음을 강하게 만들 수 있을까? 지금부터 그 방법에 관해서 이야기하겠다.

02

마음은 네 가지 관점으로 구성되어 있다

교육 환경이 엉망이었던 오사카의 공립 중학교를 생활 지도로 재건하고 육상부에서 7년 동안 13회의 전국 대회 우승(개인 부분)을 이루어냈던 하라다 다카시 선생은 '목적·목표의 네 가지 관점'을 제시했다.《그림 3》

오른쪽 위가 '나/유형', 오른쪽 아래가 '나/무형', 왼쪽 위가 '사회·타인/유형', 왼쪽 아래가 '사회·타인/무형'이다. '목표를 달성함으로써 내가 얻게 되는 것은 무엇인가?'를 이 네 가지 관점에서 분석하는 것이다.

그러면 각각에 관해서 설명하겠다. 오른쪽의 주어는 '나'이고, 왼쪽의 주어는 '나 이외(사회·타인)'다.

〈그림 3〉 목적 · 목표의 네 가지 관점

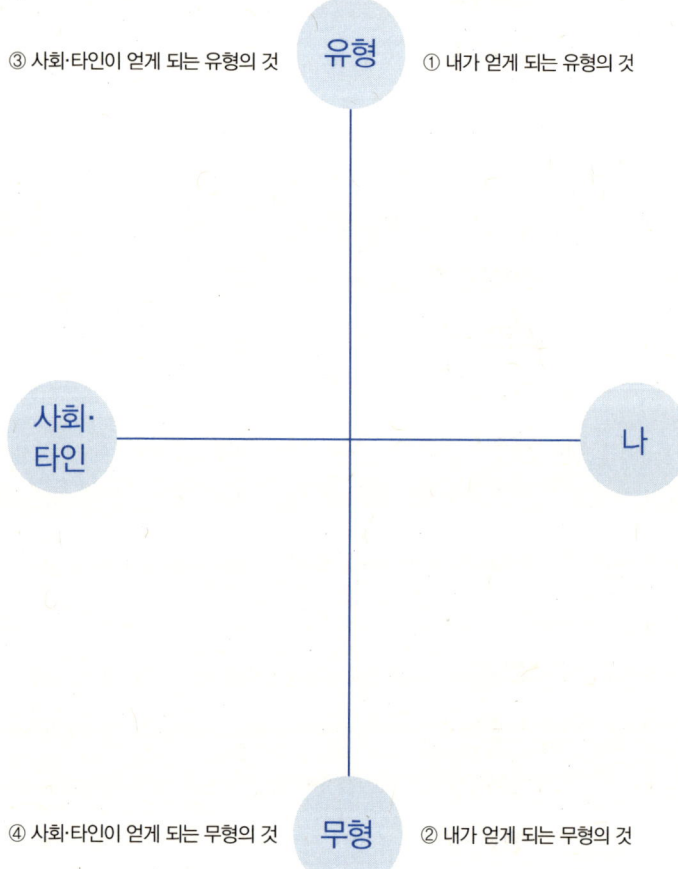

나/유형

유형이란 '눈에 보이는 것'이다. 이해하기 쉽게 말하면 돈, 순위, 표창장이나 기념품, 메달이나 트로피 등이다. 업무상의 지위나 기술, 성적, 역할 등도 여기에 적는다.

나/무형

무형이란 '눈에 보이지 않는 것'이다. 구체적으로 말하면 '기분'이나 '감정'이다. '나 자신에게 자긍심을 느낀다', '자신감이 생긴다', '우월감에 빠진다' 등, 목적을 손에 넣었을 때 얻을 수 있는 감정을 적길 바란다. "기쁘다!" "정말 행복해!"처럼 감정 자체를 말로 표현해도 된다.

사회·타인/유형

당신이 목표를 달성하면 가족 등 당신과 관계가 있는 사람들, 지역이나 사회의 사람들이 손에 넣게 되는 것이다. 소속된 공동체나 조직, 회사의 매출액, 다른 사람의 성과에 관여하는 일을 한다면 가르치는 사람들의 성과나 성적 상승 등 관계를 맺는 사람들이 손에 넣게 되는 것을 생각나는 대로 적도록 하자.

사회 · 타인/무형

가족 등 당신과 관계가 있는 사람들, 지역이나 사회의 사람들이 손에 넣게 되는 무형의 것, 다시 말해 기분이나 감정을 적길 바란다. 당신과 관계가 있는 사람들이 어떤 기분이나 감정이 될지 상상해서 적어 보자.

목표를 달성함에 따라 얻게 되는 것이 많을수록 그에 비례해서 목표를 달성하겠다는 마음도 강해진다. 기존에는 목표 달성과 관련해서 오른쪽 위의 '나/유형'만을 생각하는 경우가 많았는데, 이 네 가지 관점에서는 범위를 확장해 눈에 보이지 않는 감정이나 기분, 그리고 타인까지 생각한다. 이 네 가지 관점에 관해서 적어 보면 자신이 노력함으로써 자신뿐만 아니라 주위 사람들도 물심양면에서 풍요롭게 만들 수 있음을 알게 된다.

자신이 얻게 될 것에 관해서만 생각하면 마음이 꺾이기 쉬우니 이미지의 세계에 주위 사람들을 적극적으로 포함시켜 보자. '어떤 목표든 나 혼자만의 힘으로는 절대 달성할 수 없다'는 사실도 깨달을 수 있다. 또한 실제로 달성했을 때는 주위 사람들에게 진심으로 고마워하게 되므로, 당신도 주위 사람들을 응원할 수 있게 되어 인간관계가 돈독해지며 그 사람들과 협력해 큰일을 할 수 있게 될 것이다.

유치원 어린이에게서 배우는 네 가지 관점의 사례

다음 페이지의 사례는 하라다 선생의 세미나에 함께 참가했던 아베 야스히데 씨가 지도하는 유치원 어린이(4세)가 쓴 네 가지 관점이다. '피카니아로〈튤립〉을 불 수 있게 된다(멜로디언으로 리히너의〈튤립〉을 연주할 수 있게 된다)'라는 목표에 관해서, 다음 네 가지 관점을 훌륭하게 적었다.

〔나/유형〕
〔내가〕 공주 스티커를 받는다.
〔나/무형〕
〔내가〕 기분 좋다, 해냈어, 야호~.
〔사회·타인/유형〕
엄마가 나를 꼭 안아 주신다.
〔사회·타인/무형〕
아빠가 기뻐하신다.

참으로 대단하다. 이제 겨우 4세인 유치원 어린이도 이 정도인데 우리 성인이 못할 이유는 없다. 부디 수를 의식하면서 잔뜩 적어 보길 바란다.

유치원 어린이(4세)가 쓴 네 가지 관점

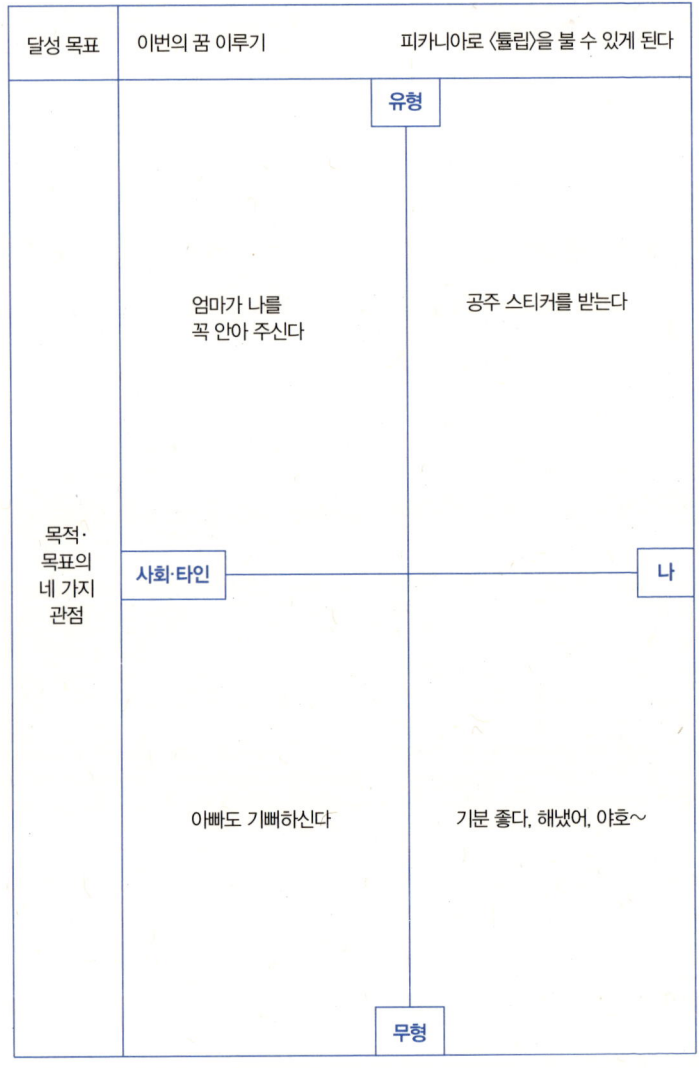

✏️ 실천 과제 14

아래 그림에 이번 목표의 네 가지 관점을 적어 보자.

③ 사회·타인이 얻게 되는 유형의 것   **유형**   ① 내가 얻게 되는 유형의 것

사회·타인 ─────────────── **나**

④ 사회·타인이 얻게 되는 무형의 것   **무형**   ② 내가 얻게 되는 무형의 것

03

인간은 자신 이외의 다른 사람을 생각하면 '힘'을 발휘할 수 있게 된다

인간은 신기한 동물이어서, 자신보다 자신 이외의 다른 사람을 생각할 때 자신이 지닌 '힘'을 더욱더 발휘할 수 있게 된다.

이번에는 두 명이 하는 체감 실천 과제를 한 가지 소개하겠다.

1. A와 B가 마주 본 상태에서 A가 B의 양팔을 두 손으로 붙잡고 체중을 실어서 억누른다
2. B는 팔을 들어 올린다. 근력 차이가 어지간히 심하지 않은 이상은 팔을 들어 올리지 못할 것이다.
3. B는 "나는 나를 위해서 팔을 들어 올릴 거야"라고 말한 다음 팔을 들어 올린다.
4. B는 "나는 가족을 위해서 팔을 들어 올릴 거야"라고 말한 다음 팔을

들어 올린다.

5. B는 "나는 지역을 위해서 팔을 들어 올릴 거야"라고 말한 다음 팔을 들어 올린다.

6. B는 "나는 우리나라를 위해서 팔을 들어 올릴 거야"라고 말한 다음 팔을 들어 올린다.

7. B는 "나는 세계를 위해서 팔을 들어 올릴 거야"라고 말한 다음 들어 올린다.

8. B는 "나는 전 세계의 미래 세대를 위해서 팔을 들어 올릴 거야"라고 말한 다음 팔을 들어 올린다.

2에서는 팔을 들어 올리지 못했던 B가 3, 4, 5로 진행함에 따라 팔을 들어 올릴 수 있게 될 것이다. 부디 가족이나 친구와 함께해 보길 바란다.

인간은 관계가 있는 사람의 수가 많을수록 큰 힘을 발휘하도록 유전자, DNA에 각인되어 있다. 우리의 조상들은 이 힘을 이용해 가혹한 환경에서 살아남아 왔으며, 현대의 우리도 이 힘을 이어받았다. 그래서 이 네 가지 관점의 왼쪽에 적은 것이 많을수록 그 목표의 달성을 위해 내부에서 솟아나는 힘이 강해진다. 이런 훌륭한 성질을 이용하지 않는다면 너무 아깝지 않은가?

04

분량이 부족할 경우는 어떻게 해야 할까?

이 네 가지 관점에 관해서 적을 때 제일 먼저 부딪히는 벽은 '분량'이다. '오른쪽 위의 유형적인 것은 많이 생각나는데, 다른 세 가지는 생각이 잘 안 나네……'라는 상황이 발생할 것이다.

그러나 '적지 못한다'는 것은 그만큼 발전 가능성이 있다는 의미로 이해해야 한다. 처음에는 오른쪽 위만 적고 나머지 세 가지는 무엇이 있을지 생각해 보는 것으로 충분하다. 그러다 보면 점점 보이게 된다. 가령 당신이 영업 사원인데 매일 매출 목표를 달성하기 위해 노력하는 당신을 응원해 주는 사람이 나타났다고 가정하자. 그러면 당신의 목표 달성은 단순히 당신만을 위한 것이 아니라 당신의 목표 달성을 응원해 주는 사람을 위한 것이기도 하다. 그 결과 이런 항목을 추가로 적을 수 있게 될 것이다.

오른쪽 위에는 "목표를 달성해서 받은 보너스로 나를 응원해 준 다카하시 씨에게 고급 생선 요리점인 제3대 교타이의 코스 요리를 대접할 수 있다."

왼쪽 위에는 "다카하시 씨가 제3대 교타이의 코스 요리를 먹을 수 있다. 다카하시 씨가 제3대 교타이의 야마다 씨와 친분이 생긴다", "야마다 씨와 친분이 생긴 결과, 다카하시 씨의 가족과 친구들이 제3대 교타이를 이용하게 된다", "제3대 교타이의 매출이 상승한다."

왼쪽 아래에는 "다카하시 씨가 기뻐한다", "다카하시 씨가 나를 자랑스럽게 생각한다", "다카하시 씨가 제3대 교타이의 맛있는 요리를 맛보고 행복한 기분이 된다", "야마다 씨는 매출이 상승해서 기뻐한다."

또한 오른쪽 아래에는 "다카하시 씨가 나를 자랑스럽게 생각해 주셔서 기쁘다", "제3대 교타이의 매출 상승에 기여해 기쁘다"라는 내용을 적어 넣을 수 있다.

이처럼 한 가지 항목을 늘리면 다른 세 항목도 늘릴 수 있다. '이런 걸 적어도 괜찮을까?'라고 망설일 필요는 없다. 일단은 전부 적자. 취사선택은 적은 다음에 하면 된다.

🖊 실천 과제 15

실천 과제 14에서 적은 네 가지 관점의 수를 각 항목당 세 개 이상 늘려 보자.

05

모호하게 말하지 말고
단정적으로 말한다

 미래는 누구도 알지 못한다. 그리고 우리는 모르는 것에 관해 불안을 느낀다. 나도 그랬다. 실패하고 싶지 않아서, 상처받고 싶지 않아서, 단정적으로 말하지 않고 모호하게 얼버무렸다.
 "달성할 수 있으면 좋겠어."
 "할 수 있으면 좋겠다고 생각합니다."
 이런 말로 목표를 표현했다. 목표를 달성할 자신이 없었고, 달성하지 못한다면 자신을 더욱 믿지 못하게 될 것 같았다. 그래서 달성하지 못했을 때를 대비해 수비적으로 말했던 것이다.
 그러나 모호하게 얼버무리거나 수비적으로 말하는 것은 머릿속에서 실패를 떠올렸다는 뜻이다. 그러면 당연히 실패가 현실이 될 수밖에 없다.

단정적으로 말하는 것은 두려운 일이다. 일단 단정적으로 말해 버리면 그것을 '꼭 해야 한다'는 의무감에 사로잡힐지도 모른다. 이런저런 불안감이 당신을 엄습할 것이다. 그러나 가슴에 손을 얹고 생각해 보자. 이대로 불안감에 떨다 인생을 마감하고 싶은가? 아니면 실패할지도 모르지만, 자신에게 상처를 줄지도 모르지만 '꼭 그것을 하고 싶어. 이루고 싶어'라고 바라는가?

이 책을 여기까지 읽은 당신은 당연히 후자일 것이다.

분명히 실패에 대한 불안감은 클 것이다. 그러나 불안해진다는 것은 미지의 세계에 도전한다는 뜻이다. 확실히 결과를 낼 것을 아는 일을 한다면 불안감은 느끼지 않겠지만, 자신이 할 수 있는 범위 안의 일만 해서는 성장하지 못한다. 성장하지 못한다는 말은 같은 시간과 에너지를 쏟아도 '힘'이 붙지 않는다는 뜻이며, 따라서 이루고자 하는 것을 현실로 만들지 못한다.

그렇기 때문에 아무리 불안해도 단정적으로 말해야 하는 것이다. 단정적으로 말하면 실패를 받아들이겠다는 각오도 동시에 생겨난다. 반대로, 단정적으로 말하지 못한다면 그것은 '반드시 손에 넣고 싶어. 이루고 싶어'라고 생각하는 수준에 이르지 못했다는 의미다.

그래서 쉽게 포기하고 만다. 그러나 당신이 포기했을 때 피해를 보는 사람은 당신만이 아니다. 당신의 주변 사람들도 네 가지 관점에서 적었던 것들, 즉 당신이 목표를 달성함으로써 얻을 수 있었던 것들을 잃게 된다.

물론 괴로워질 때도 있다. 그 괴로움은 당신을 성장시키기 위해서, '힘'을 키워 주기 위해서 찾아오는 괴로움일 뿐이다. 반드시 필요한 괴로움인 것이다.

당신이 '힘'을 키울수록 행복해지는 사람의 수도 늘어난다. 당신이 많은 사람을 행복하게 만드는 모습을 보고, 당신을 동경하며 '저 사람처럼 되고 싶어'라고 생각하는 사람도 반드시 생겨난다. 두려울지도 모른다. '만약 달성하지 못하면 어떡하지?'라는 두려움은 충분히 이해한다. 그러나 실패한다 해도, 달성하지 못한다 해도 그것은 그때 생각하면 되는 문제다.

"만약 다시 한번 할 수 있다면 어떻게 해야 할까?"

이렇게 자문하면서 무엇이 부족했는지, 어떻게 해야 좋았을지 찾아내 다시 도전하면 된다. 도전은 얼마든지 할 수 있다. 그러니 실패를 두려워하지 말고 단정적으로 말하길 바란다.

06

목적·목표 설정이 끝난 뒤에 빠지는 함정

 이렇게 해서 목적이나 목표를 종이 등에 적고 나면 마음이 들떠서 '나는 뭐든지 할 수 있어!'라는 기분이 되는 경우가 많다. 그러나 그 마음이 들뜬 상태가 함정일 수 있다. 마음이 들뜬 채로 첫걸음을 내디딘다면 문제가 없지만, 그 들뜬 기분을 즐기며 첫걸음을 내딛지 않는 경우도 있기 때문이다. 요컨대 목적이나 목표를 적는 것이 종착점이 되어 버리는 것이다. 목적이나 목표를 설정했으면 곧바로 행동하지 않겠느냐고 생각할지도 모르지만, 인간에게는 어떤 한 가지를 달성하면 자신에게 관대해지는 습성이 있다. 심리학에서는 이것을 '도덕적 허가(Moral Licensing)'라고 한다.
 내가 다이어트를 하던 시절에 있었던 일이다. 당시의 나는 칼로리를 억제하기 위해 아침 식사를 거르고 러닝 같은 운동을 했는데, '아침 식사를 거르고 러닝도 했어'라는 성취감을 느끼자 이런 생각이 들었다.

'아침 식사를 거르고 운동을 했으니 몸에 영양분이, 특히 당분이 부족할 거야. 그러니까 점심은 든든하게 먹고, 부족한 당분을 보충하기 위해 디저트도 먹자.'

이런 식으로 자신에게 관대해진다. 세미나 등에서 이 이야기를 하면 "저도 그런 적 있습니다"라는 반응이 많이 돌아온다.

이처럼 인간에게는 '무엇인가를 달성하면 자신에게 관대해지는' 습성이 있다. 지금까지 그런 경험을 해 본 적이 없더라도 '어쩌면 내게도 그런 습성이 있을지 몰라'라고 의식하자. 그러면 앞으로도 도덕적 허가를 회피할 수 있다.

목적·목표를 설정할 때 이 도덕적 허가를 회피하는 방법으로, 목적·목표만을 설정하고 끝내는 것이 아니라, 당장이라도 할 수 있는 행동 하나를 설정한 다음 실전할 것을 제안한다. 예를 들면 '목적·목표를 설정한 종이를 잘 보이는 곳에 붙인다'라는 행동을 하는 것이다. '과연 그런 사소한 행동이 효과가 있을까?'라고 생각할지도 모르지만, 그런 사소한 행동으로 충분하다. 그 종이를 볼 때마다 종이를 붙일 때의 들떴던 마음을 떠올릴 수 있기에, 그 에너지를 행동으로 바꾸면 된다.

✏ 실천 과제 16

다음의 빈칸을 채워 보자.

내가 자신에게 관대해졌던 경험은 (　　　　)였다.

지금이라면 (　　　　)을 통해서 회피할 수 있을 것이다.

07

결과를 내기까지는
시간이 걸린다

    목적·목표를 적으면 그것을 달성한 이미지가 머릿속에 떠오르면서 반드시 실현할 수 있다는 들뜬 마음이 된다. 그러나 현실은 가혹해서, 안타깝지만 결과를 내기까지는 시간이 걸린다.

    비즈니스의 매출, 스포츠의 승부, 입시 등의 결과는 자신만의 힘으로 통제할 수 없다. "매출 3억 엔을 달성하겠어"라는 목표를 달성하려면, 그 매출을 가져다줄 고객이 있어야 한다. "전국 대회에서 1등을 하겠어"라는 목표를 달성하려면, 역시 전국 대회 1등을 목표로 노력하는 수많은 경쟁자를 이겨야 한다. "이 대학교에 들어가겠어"라는 목표를 달성하려면, 그 학교에 들어가고 싶어 하는 다른 수험생들과 경쟁해서 정원 안에 들어가는 성적을 내야 한다. 안타깝지만 반드시 자신이 원하는 결과가 나온다는 보장은 없다.

그러나 그 결과를 내고자 하는 열정이나 결과를 내기 위해 전념하는 자세는 본인이 얼마든지 통제할 수 있다. 그 결과를 내기 위한 힘을 하루하루 키워 나가야 한다. 결과를 내기 위해 열정을 품고 전념한 경험은 미래의 자신에게 반드시 큰 자산이 된다.

새로운 일에 도전하면 수많은 벽에 부딪힌다. 그 벽이 너무도 높아서 포기해 버리고 싶을 때도 있지만, 바로 그때가 자신의 마음을 시험받는 타이밍이다. '힘'이 부족하다고 탄식하지 않고 지금 할 수 있는 일에 전력으로 몰두해 '힘'을 키워 나감으로써 결국 벽을 뛰어넘는 사람만이 목표를 달성할 수 있으며, 그 결과 자신이 그렸던 미래를 현실로 만들 수 있다.

<u>네 가지 관점에서 말했듯이, 당신의 목표는 당신만의 것이 아니다. 당신의 미래는 당신이 아닌 다른 사람들의 미래로도 이어진다.</u>

가족이 기뻐하면 가족의 주위에 또 다른 긍정적인 연쇄가 생겨난다. 회사의 매출 상승에 공헌하면 그 매출액은 다른 사원들의 급여를 지급하는 데 사용될 수도 있고 또 다른 연쇄를 일으킬 수도 있다.

목적·목표를 세울 때 처음부터 네 가지 관점의 왼쪽, 다시 말해 '사회·타인에 대한 공헌' 항목을 설정해 놓으면, 자신이 노력해서 목표를 달성했을 때 "나를 이롭게 하는 것이 곧 남을 이롭게 하는 것(自利卽利他)"이라는 말처럼 주위 사람들에게도 긍정적인 변화를 가져다줄 것이다.

08

언제 목표를
포기해야 하는가

마음이 꺾일 것만 같은 순간이 수없이 찾아올 것이다. 영화나 드라마, 소설의 주인공뿐만 아니라 현실 세계에서 큰 성과를 낸 사람들은 그런 마음이 꺾일 것만 같은 순간에도 어떻게든 버텨내며 앞으로 나아갔기에 큰 성과를 손에 넣을 수 있었다. '꼭 이루고 싶어'를 넘어서 '반드시 이뤄 내고 말겠어!'라는 강한 마음이 그들을 지탱했던 것이다.

'그건 낡아 빠진 정신론 아니야?'

이렇게 생각한 사람도 있을 것이다. 맞다. 정신론이다. 다만 눈에 보이지 않는 머릿속 세계에서 실행되는 일반적인 정신론과는 다르다. 종이 등에 펜으로 적음으로써, 문자화함으로써 눈에 보이는 형태로 만든다.

목표를 포기해야 하는 타이밍은 두 가지다.

첫째는 기한을 초과했을 때다. 가령 시험이나 대회에 연령 제한이 있는데, 나이를 먹어서 참가 자격을 상실했다면 이제 목표를 달성하기는 불가능하므로 포기해야 한다.

둘째는 네 가지 관점에 적은 것을 봐도 가슴이 따뜻해지지 않을 때, 아니 뜨거워지지 않을 때다. 만약 그렇게 되었다면 그 네 가지 관점에 대한 당신의 뜨거웠던 마음이 식어 버렸기 때문이다. 뜨거웠던 마음이 식어서 의무처럼 느끼게 되었다면, 깔끔하게 포기하고 새로운 목표를 세우길 바란다. 의무가 된 이상, 달성한들 큰 기쁨은 얻지 못할 것이다. 아니, 오히려 '목표=의무'라는 나쁜 암시를 자신에게 걸어 버리기 때문에 좋지 않다.

목표를 포기할 때 '목표를 달성하지 못하고 포기해 버렸어'라고 생각할 필요는 없다. '이것은 내가 애정을 품을 정도의 목표는 아니었어'라고 깨달은 것만으로도 큰 수확이다. 그런 식으로 도전을 반복하다 보면 정말로 자신이 하고 싶은 것, 해야 할 것이 보이게 되므로 목표 설정의 정확도가 점점 높아질 것이다.

누군가의 눈치를 볼 필요도 없다. 누구의 인생도 아닌 당신의 인생이다. '목표를 달성하지 못할지도 몰라', '그런 실패한 나를 직시하는 건 싫어' 같은 생각에 두려울 것이다. 그러나 그런 두려움을 계속 품고 있으니까 그것이 현실이 된 것이다. 당신은 그런 자신으로부터

졸업하고 싶어서 이 책을 읽기 시작한 것이 아닌가? 그러니 목적·목표를 적는 데 도전하길 바란다. 그리고 적은 것을 바라보길 바란다. 자신 이상으로 타인을 생각하는 당신이기에, 네 가지 관점의 왼쪽에 무엇인가를 적을수록 그것이 열정으로 바뀌고 그 열정이 행동을 위한 에너지가 되어서 당신을 힘차게 앞으로 밀어줄 것이다.

실천 과제 17
3장을 읽고 깨달은 점이나 감상을 문자화해 보자.

4장

현실이 될 때까지
행동을 계속하는 비결

01

행동하지 못하는 자신을 인식한다

목표가 결정되고 행동 계획도 세웠다면 이제 남은 것은 그것을 순서대로 실천해 나가는 일뿐인데, 신기하게도 이것이 생각처럼 되지 않는다. 하면 좋은 것을 알면서도 핑곗거리를 만들어 내 차일피일 미루고, 그러다 어느 날 문득 행동이 완전히 멈춰 버려 예전의 나로 돌아간 자신을 발견하고는 '그 방법으로는 안 되겠네'라며 또다시 새로운 방법을 모색한다. 새로운 지식을 배워 놓고서는 '실천하지 못했어'라는 경험을 축적한 것이므로, 본래의 자신으로 돌아갔다기보다 퇴보했다고 말하는 편이 더 정확하겠다.

결과를 만들어 내는 것은 행동이다. 그리고 그 행동을 만들어 내는 것은 생각이다. 생각은 눈에 보이지 않는다. 그래서 "문자화해 눈에 보이는 형태로 만들 필요가 있다"라고 1장에서 이야기한 바 있다. 그런데 눈에 보이는 형태로 만들면 반드시 행동할 수 있게 될까? 사실 꼭 그렇지는 않다. 분명히 2~3일은 의식하면서 행동할 수 있는 사람도 많겠지만, '작심삼일'이라는 말이 있듯이 점점 행동을 그만하게 된다.

지금까지의 자신은 행동을 하지 못했던 것이다. 그랬는데 목표를 명확히 했다고 해서, 행동 계획을 세웠다고 해서 행동할 수 있는 자신으로 바뀐다면 이 세상에 성공하지 못하는 사람은 없을 것이다.

그렇다면 어떻게 해야 '행동할 수 있는 자신으로 바뀔' 수 있을까? 이 장에서는 이 문제를 파고들도록 하겠다.

02

인간은 현재 상태를 유지하고 싶어 하는 생물이다

인간은, 조금 더 정확히 말하면 인간의 무의식은 현재 상태를 유지할 때 가장 안심한다. 이것을 '현상 유지 메커니즘'이라고 한다.

현상 유지 메커니즘이 만들어진 이유는 우리의 선조에게 있다. 먼 옛날, 정보라고는 거의 없는 환경에서 생활한 우리의 선조들은 산을 넘어간 곳에 무엇이 기다리는지 알 방법이 없었다. 즉 미지의 지역에 뛰어드는 것은 목숨을 건 행위였다. 인간이 농경을 시작해 안정적으로 식량을 얻게 된 시기는 약 1만 년 전부터로, 그때까지는 사냥하거나 나무 열매를 채집해서 식량을 구했다. 인류가 탄생한 시기가 약 600만 년 전이라고 하므로 599만 년 동안은 지금 있는 식량이 언제까지 버텨 줄지, 언제 다시 굶주리게 될지 알 수 없는 공포 속에서 살았던 셈이다.

그래도 사냥이나 나무 열매의 채집을 안정적으로 할 수 있으면 일단 굶을 걱정은 없다. 그래서 '내 생명을 지키기 위해 움직이지 않는다'라는 선택을 599만 년이라는 긴 세월에 걸쳐서 해 왔고, 이것이 DNA와 유전자에 각인되어 현대를 사는 우리에게 계승된 것이다.

만약 현재 상태를 유지하지 않고 갑자기 바뀌어 버리면 어떻게 될까? 가령 당신이 어제는 굉장히 어두운 사람이었는데 오늘은 믿을 수 없을 만큼 까불거리는 사람이고, 내일은 분노 조절이 안 되어 사소한 일에도 불같이 화를 내는 사람이 된다면? 당신의 주변 사람들뿐만 아니라 당신 자신도 당혹감을 느낄 것이다.

현상 유지 메커니즘은 신체 측면에서도 작용한다. 인간은 더우면 땀을 흘려서 체온을 낮추려 하고, 추우면 몸을 떨어서 체온을 높이려 한다. 이것은 체온을 일정하게 유지하려는 현상 유지 메커니즘이다. 요컨대 현상 유지 메커니즘은 당신을 보호하기 위해 최대한 당신의 현재 상태를 유지하려는 것이다. 또한 현상 유지 메커니즘은 자동으로 발동한다. 선악을 따지지 않으며, 스위치를 끌 수도 없다. 원래 그런 것으로 받아들이는 수밖에 없다는 말이다. '새로운 일에 도전해도 얼마 못 가서 그만둬 버리는' 것 역시 이 현상 유지 메커니즘이 발동했기 때문이다.

현상 유지 메커니즘은 온갖 수단을 동원해서 현재 상태를 유지하려 한다.

03

왜 새로운 것을 시작하면 몸 상태가 나빠질까?

가령 무엇인가 새로운 것을 시작하면 몸 상태가 나빠지는 사람이 많다. 그렇게 몸 상태가 나빠지면 그들은 이렇게 생각하면서 쉬어 버린다.

'새로운 일에 열중하느라 심신이 지쳐서 몸 상태가 나빠진 거야. 이건 쉬라는 하늘의 계시가 틀림없어.'

"건강이 제일이므로 몸 상태가 나빠지면 쉬어야 한다"라고 말하면 지극히 옳은 말로 들릴 것이다. 그러나 이것이 바로 현상 유지 메커니즘의 정체다. 몸 상태가 나빠졌다는 것은 그럴듯한 이유이지만, 이때 쉬어 버리면 단번에 시작하기 전의 상태로 돌아가고 만다. 기껏 키워 왔던 것이 도로 아미타불이 되어 버리는 것이다. 정말로 자신을 바꾸고 싶다면 아주 작은 것이라도 좋으니 그 몸 상태로 할 수 있는 일을 계속해야 한다. 몸 상태가 나빠졌을 때도 행동을 하면 무의식 부분의 사고도 점점 행동하는 데 익숙해진다.

몸 상태를 치유하는 것을 최우선으로 삼는 동시에 그 몸 상태로도 할 수 있는 일에 도전한다. '독하네……'라고 생각할지도 모르지만, 당신이 그렇게 생각하게끔 만들어서 '노력하지 않아도 돼'라는 심리를 끌어내는 것도 현상 유지 메커니즘의 소행이다.

먼저 해야 할 일은 현상 유지 메커니즘이 행동하는 자신에게 익숙해지도록 만드는 것이다. 새로운 것에 도전하면 현재 상태보다 마이너스가 되는 부분이 반드시 생겨나는데, 그 마이너스는 현상 유지 메커니즘이 자신을 시험하는 것으로 생각하길 바란다. 작은 것이라도 좋으니 행동을 계속하면 점차 무의식 부분의 사고도 성장해 나가려 하는 습관이 들게 된다.

그렇다면 어떻게 해야 현상 유지 메커니즘이 행동하는 자신에게 익숙해지도록 만들 수 있을까? 지금부터 그 방법에 관해 이야기하겠다.

🖉 실천 과제 18

지금까지의 인생을 돌아보고, 새로 시작하려 했지만 도중에 그만뒀던 일들을 열거해 보자. 그만뒀던 이유도 함께 적길 바란다.

04

'사즉실행'에 익숙해지기 위한 연습

　물론 목표를 향해서 곧바로 행동을 시작하는 것도 좋지만, 목표를 달성하기 위한 행동 중에는 미지의 것도 많기 때문에 상당한 스트레스를 받게 된다. 미지의 것에 도전하고자 하면 곧바로 현상 유지 메커니즘이 발동해, 그것을 하지 않아도 되게 적당한 변명거리를 끊임없이 준비해 준다. 그리고 앞에서도 이야기했듯이 우리는 그 변명을 따르고 만다.

　이런 상황을 방지하기 위해서도 먼저 '생각한 것은 즉시 행동으로 옮기는' 습관을 들여야 한다. 가령 이전부터 방 청소를 해야겠다고 생각하면서도 좀처럼 시작하지 못했던 경험이 있지는 않은가? 아마도 이 책을 읽는 당신은 일단 시작하면 어중간한 상태로 끝내는 것을 싫어하는 성격이어서, 그런 불쾌한 경험을 할 바에는 '처음부터 안 한다'라는 선택을 했던 경험이 있을 것이다. 요컨대 '완벽히 할 수 없다면 아예 시작하지 않는' 습관이 들어 있는 것이다. 그것을 '생각한 것은 즉시 행동으로 옮기는' 습관으로 바꿔 나가자.

나는 이것을 '사즉실행思卽實行'이라고 부른다. 문자 그대로 생각한 것을 즉시 실행한다는 뜻이다. 생각을 현실로 만드는 사람들의 공통점은 '속도'다. '이건 어떨까?'라고 생각한 아이디어를 구체화하는 속도가 정말 빠르다. 가령 세미나에서 어떤 아이디어가 하나라도 떠올랐다면 강사가 떠들든 말든 무시하고 정신을 집중해, 그 아이디어를 즉시 실행 가능한 수준까지 구체화한 다음 화장실에 가는 척하면서 밖으로 나와 부하 직원에게 전화를 건다. 그들은 '무엇인가를 배우기 위한 장소'가 아니라 '아이디어를 떠올리기 위한 장소'로서 세미나에 임한다. 그들처럼 '사즉실행'의 힘을 키우면 그것을 할 수 있을지 없을지 고민조차 하지 않고 곧바로 행동으로 옮길 수 있다.

그러면 지금부터 '사즉실행'을 직접 체험해 보자. 지금 이 책을 지하철 안에서 읽는지 아니면 집에서 읽는지는 알 수 없지만, 장소가 어디든 아마도 모두 '고개를 숙이고 있을' 것이다. 당신은 어떤가?

만약 고개를 숙이고 있다면 그대로 고개를 최대한 숙이길 바란다. 고개를 최대한 숙였다면 다음에는 고개를 최대한 뒤로 젖히길 바란다. 그리고 고개를 최대한 뒤로 젖혔다면 이제 다시 꼿꼿하게 펴길 바란다. 주위 사람들의 시선이 의식될지도 모르지만, 상관할 필요 없다. 기본적으로 사람들은 그렇게 다른 사람의 행동을 신경 쓰지 않으며, 설령 당신의 행동이 신경 쓰이더라도 '목이 아파서 스트레칭을 하고 있구나'라고 생각할 것이다.

자, 내 말을 즉시 실행했는가? 아직 실행하지 않았을지도 모른다. 그런 사람은 머릿속에서 '왜 고개를 숙였다 젖혔다 해야 하는 거야?'라며 실행해야 하는 이유를 생각했을 것이다. 만약 이것이 세미나이고 내가 강사라면 청중 사이에서 고개를 숙였다 젖혔다 하는 분위기가 형성되므로 그 분위기에 따라서 고개를 숙였다 젖혔다 할 것이다. 그러나 독서할 때는 기본적으로 혼자이므로 당신만이 그 행동을 했는지 안 했는지 안다.

만약 내 말대로 했다면 왜 했는지 생각해 보자. 반대로 하지 않았다면 왜 안 했는지 생각해 보길 바란다. 그 생각을 문자로 적는 것이 가장 이상적이지만, 그럴 환경이 못 된다면 머릿속에만 생각해도 무방하다.

'고개를 숙였다 젖혔다 하는 것에 무슨 의미가 있지?'라고 생각했다면 '의미가 없는 행동은 하지 않는', '의미를 발견했을 때만 행동하는' 습관이 있다는 뜻이다. '일단 해설을 읽어 보고 의미가 있는 행동이었다면 해 보자'라고 생각했다면, '해답이 없는 일에 대해서는 곧바로 행동하지 않는' 습관이 있다는 뜻이다. 양쪽 모두 '생각을 해도 즉시 행동으로 옮기지는 않는' 습관이 무의식 속에 자리를 잡는 것이다. 일단 해 보고 "이건 의미가 없네"라고 말하는 것과 해 보지도 않은 채 "이건 의미가 없어"라고 말하는 것은 결과적으로 행동력에 큰 차이를 만들어 낸다.

생각했으면 즉시 행동하자. '책에 적혀 있는 대로 해 보자'라고 생각했다면, 즉시 행동으로 옮기는 순발력이 이윽고 현상 유지 메커니즘도 바꿔 나가게 된다.

> ✏️ **실천 과제 19**
>
> 다음의 빈칸을 채워 보자.
> 실천 과제 7에서 설정했던 목표를 달성하기 위해서 즉시 할 수 있는 행동은,
> (   )이다.
> 빈칸을 채웠다면 적어 넣은 내용을 즉시 실천하길 바란다.

05

행동은
최대의 암시다

"행동은 최대의 암시다"라는 말이 있다. 암시라고 하면 "나는 할 수 있어. 할 수 있어"라고 자신에게 말하는 것을 떠올리는 사람이 많은데, 사실 말로 하는 암시는 거의 효과가 없다. 생각해 보라. 애초에 '하지 못했던' 사람이 자신에게 "할 수 있어. 할 수 있어"라고 말하는 것만으로 할 수 있게 될 리 있겠는가? 그때까지 하지 못했던 것을 말로 암시하는 것만으로 할 수 있게 된다면, 이 세상 모든 사람이 자신의 꿈을 실현했을 것이다.

생각했던 것을 현실로 만들려면 그것을 현실로 만들 수 있을 정도의 '힘'을 키워야 한다. 그리고 지금까지 수없이 이야기했듯이, 그 '힘'을 키울 방법은 '행동하는 것'뿐이다. 입으로만 "나는 즉시 행동하는 사람이야"라고 말할 뿐 그 말처럼 행동하고 있지 않다면, "'나는 즉시 행동하는 사람이야'라고 입으로만 말할 뿐 행동하지 않는 사람"이라는 암시를 자신에게 걸게 된다.

<u>처음부터 어려운 것에 도전할 필요는 없다</u>. 처음에는 간단한 도전부터 시작해도 된다. 간단한 것부터 도전해 나감으로써 그 행동을 통해서 '나는 생각한 것을 즉시 행동할 수 있어'라는 암시를 점점 자신에게 걸어 주길 바란다.

이 책을 읽는 당신은 자신을 냉정하게 바라볼 수 있는 겸손한 사람일 것이다. 그러나 그런 성격이 당신의 행동력에 악영향을 끼치고 있을지도 모른다. 자신을 냉정하게 바라볼 수 있는 사람은 '내가 이것을 한다면……'이라는 식으로 행동의 대가를 생각하는 경향이 있다. 그런 냉정함을 잠시 옆으로 치워 놓고 이후의 실천 과제에 도전해 보길 바란다.

이미 '생각한 것을 즉시 실행할 수 있는' 사람이 되었다면, 다음 장으로 바로 넘어가도 된다. 그러나 자신은 아직도 행동력이 부족하다는 생각이 아주 조금이라도 든다면, 이대로 계속 읽어 나가면서 다음의 실천 과제를 해 볼 것을 권한다.

06

하자고 생각은 하면서도 하지 않은 것부터 시작하자

즉시 실천 과제에 들어가겠다.

'하자고 생각은 하면서도 하지 않은 것'을 세 가지 정도 생각해 보길 바란다. 목표와 관계 없는 행동이어도 무방하다. 이를테면 책상 청소, 책장 정리, 바닥 걸레질, 설거지, 세탁물 개키기, 편지 쓰기 등 당신 주변의 '하자고 생각은 하면서도 하지 않은 것들'이다.

그러면 다음 페이지의 〈그림 4〉에 그런 것들을 세 가지 정도 적어 보길 바란다(실천 과제 20).

다 적었다면 그대로 예정일을 기재하자. 예정일은 당일부터 3일 연속으로 설정한다. 지금 '세 가지를 하루에 전부 할 수 있을 만큼 간단한 것들인데……'라고 생각한 사람도 있을 것이다. 분명히 간단한 것들이므로 마음만 먹으면 하루에 다 할 수 있으리라고 생각한다. 그러나 이 실천 과제의 의도는 한꺼번에 행동하는 것이 아니라, '결정한 사항을 실행하는 나를 만드는' 데 있다. '감질나네'라고 생각할지도 모르지만 하루에 한 가지씩 행동해 나가길 바란다.

✏️ 실천 과제 20

아래의 표를 채워 보자.
실천했다면 꽃 모양의 동그라미를 치길 바란다.

〈그림 4〉 하자고 생각은 하면서도 하지 않은 것

하자고 생각은 하면서도 하지 않은 것	예정일	실천일

예시

하자고 생각은 하면서도 하지 않은 것	예정일	실천일
1. 책상 위를 치운다	7/1	7/1
2. 방 청소를 한다	7/2	7/2
3. 세탁물을 개킨다	7/3	7/3

07
작은 행동을 할 수 있었던 나를 인정해 준다

그 예정일에 행동을 실천했다면 실천일 칸에 실천일을 기재하고 빨간 펜으로 행동·예정일·실천일의 세 곳에 동그라미를 치길 바란다.

사흘 동안 세 가지를 전부 실행했다면 크게 꽃 모양의 동그라미를 그린다.

'뭐? 그게 다야?'라고 생각한 사람도 있을지 모르는데, 정말로 그게 전부다. 다만 생각해 보자. 표에 적은 세 가지는 지금까지 하자고 생각은 하면서도 하지 않았던 것들이다. 그때까지 하지 않았다는 것은 '나는 하려고 생각한 것을 하지 않는 인간이다'라는 암시를 자신에게 걸었다는 뜻이다.

하려고 생각했던 것을 실천하는 것이므로 쉽게 달성할 수 있을 것이다. 쉽게 달성할 수 있을 텐데도 그때까지 우습게 생각하지 않았다.

물론 하지 않으니 달성될 리 없다. 달성되지 않으면 어떻게 될까?

'나는 하려고 생각한 것을 하지 않는 인간이다'라는 암시와 함께 '나는 간단한 것에는 도전하지 않는 인간이다'라는 암시도 자신에게 걸게 된다.

덧셈을 할 줄 모르면 곱셈도 하지 못하듯이, 간단한 것을 하지 못하는 사람은 어려운 것을 달성하지 못한다.

반대로 작은 것부터 쌓아 나가면 '나는 실현하기로 결심한 것은 실현할 수 있는 인간이다'라는 암시를 자신에게 전해 준다. 생각을 현실로 만드는 '힘'이 강한 사람은 아무리 간단한 것이라도 대충 하지 않고 항상 최선을 다한다. 단순히 최선을 다하는 데 그치지 않고 '그 행동에서 무엇을 배울 것인가?'라든가 '다른 사람에게 어떻게 전할 것인가?' 등 그 행동에서 더 많은 가치를 만들어 낸다.

같은 실천 과제에 도전하더라도 마음가짐에 따라 얻을 수 있는 것이 달라진다.

08

이 순서는 반드시 지키자

지금까지 수많은 사람에게 "지금까지 무엇인가를 해서 성공한 적이 없습니다. 그래서 저 자신에 대한 자신감이 없습니다"라는 고민 상담을 받았다. 이 책의 실천 과제들은 이 고민을 안고 있는 사람들에게 제공한 것이다. 그리고 동시에 전원이 확실히 달성한 실천 과제이기도 하다.

"무엇인가를 해서 성공한 적이 없다"라고 말하는 사람들은 주위의 눈을 의식하는 경향이 강하다. 타인의 인정을 받음으로써 자신의 존재 가치를 확인하려는 경향이 있기 때문에, '이런 간단한 목표는 아무도 인정해 주지 않을 거야'라면서 타인의 인정을 받고자 자신의 실력으로는 달성하기 어려운 목표를 세워 버리는 것이다. "이런 간단한 걸……. 대체 저를 얼마나 무능한 사람으로 생각하시는 겁니까?"라는 항의도 수없이 받았다. 어쩌면 당신 또한 똑같은 생각을 했을지도 모른다.

애초에 '무엇인가를 해서 성공한 적이 없는' 사람은 매일의 출퇴근조차 성공한 적이 없어야 한다. 그런데 실제로는 어떤가? 매일 정상적으로 출퇴근할 것이다. 요컨대 성공한 적이 없는 것이 아니다. '성공한 적이 없다'고 생각할 뿐이다. 물론 이상이 높기에 당연히 할 수 있는 일에 관해서는 '성공했다'고 생각하지 않았을 것이다. 이상은 높아도 된다. 그러나 이상과 현실의 사이에는 괴리가 있음을 잊지 말아야 한다. 그 이상에 가까워지려고 매일 행동하는 데, 늘 부족한 부분에만 주목하면 자신에게 '무엇인가를 해서 성공한 적이 없다'는 암시를 걸게 된다. '고작 이런 걸로……'라며 작은 행동을 인정하지 못하는 사람이 큰 행동을 인정할 리 없다. 설령 큰 행동을 해서 큰 성과를 내더라도 항상 부족한 부분에만 주목하는 습관이 들고 만다. 이 사고 습관이 몸에 밴 사람은 자신이 큰 성과를 냈다고 생각하더라도 자신보다 더 큰 성과를 낸 사람과 자신을 비교하며, 그 결과 '나는 아직 형편없어'라고 스스로 자신의 의욕을 떨어트린다.

이것은 많은 사람이 빠지는 함정이다. 물론 타인과의 격차를 동기로 삼아서 노력하는 사람도 있지만, 그런 사람은 '생각은 현실이 된다'는 것을 이미 수없이 경험했기에 애당초 이 책을 읽을 생각도 하지 않을 터이므로 여기에서는 논외로 삼겠다.

09

빠지기 쉬운 함정을 피하는 방법

 빠지기 쉬운 함정을 알았다면, 이제 중요한 것은 어떻게 해야 그 함정을 피할 수 있느냐다. 그 방법은 성공하지 못한 부분, 부족한 부분에 주목하는 습관을 바꾸는 것이다. 다만 이렇게 말하면 '성공하지 못한 부분, 부족한 부분엔 주목하지 않아도 되는구나'라고 극단적으로 받아들이는 사람도 있는데 그것도 아니다. 성공하지 못한 부분, 부족한 부분을 메우지 않고서는 앞으로 나아갈 수 없다.

 그렇다면 어떻게 해야 할까? 여기에서 중요한 것이 바로 순서다. 먼저 성공한 부분을 인정한다. 성공한 부분을 인정하면서 성공하지 못한 부분, 부족한 부분을 채워 나간다. 그런데 대부분은 이 '성공한 부분을 인정한다'를 건너뛰어 버린다. 자신이 노력해서 해낸 것을 스스로 인정하지 못하는 사고 습관을 지닌 사람이 많다.

이 사고 습관을 지닌 사람의 마음속에는 이런 가치관이 뿌리 내리고 있다.

'자신에게 관대해서는 안 돼. 좀 더 엄격해져야 해. 고작 그런 것에 만족하지 말고 항상 더 높은 곳을 바라보자. 더 노력하는 거야.'

누가 그런 가치관을 심어 왔느냐는 따로 책 한 권을 써야 할 정도의 주제이기에 여기에서는 자세히 다루지 않겠지만, 유소년기에 접한 부모나 선생님의 가치관이 큰 영향을 끼쳤음은 분명하다. '~해야 해'라는 생각을 무의식 속에 각인시킨 것이다. 그래서 "자신을 인정해 줍시다"라는 말을 들으면 마음속에서 동요가 일어난다. 의식의 영역에서는 자신을 인정하자고 생각해도 여기에 익숙하지 않은 무의식의 영역이 저항한다. "하자고 생각은 하면서도 하지 않았던 것을 행동으로 옮겼다면 동그라미를 쳐 주십시오"라는 말을 듣고 '그런 작은 것을……'이라든가 '그게 무슨 의미가 있지?'라는 생각이 들었다면, 그것은 자신을 인정하지 못하는 사고 습관이 늘었다는 증거다. 먼저 이 습관을 고치지 않으면 큰 성과를 내더라도, 타인과 비교하면서 영원히 자신을 인정하지 않게 된다.

작은 행동을 적고 실천함으로써 '행동할 수 있는 자신에게 익숙해지는' 동시에, '그 작은 행동을 한 자신을 인정할 줄 아는 자신에게 익숙해지는' 일석이조의 실천 과제인 것이다.

10

행동하기 전의 감정, 행동한 뒤의 감정을 문자화한다

이것은 여유가 있을 때 해도 무방하다. 행동하기 전과 행동한 뒤의 감정을 공책도 좋고 스마트폰의 메모 애플리케이션도 좋으니 문자화해 보길 바란다.

'귀찮은데……'
'해야 해.'
'내가 결정한 거잖아.'
'정말로 바뀔지는 의심스럽지만 해 봐야 알 수 있으니……'
'해야 한다는 건 알지만……'

행동하기 전에는 이런 다양한 감정이 솟아나기 마련이다. 그러나

'사즉실행'이라는 말 속에는 감정을 뜻하는 문자가 들어 있지 않다. '이걸 하자!'라고 생각했다면 즉시 행동할 수 있는 상태, 다시 말해 감정 없이 행동할 수 있는 상태를 만들자는 것이다. 사실 인간의 생각은 감정의 영향을 받기 때문에 실제로 감정 없이 움직일 수 있는 상태를 만들기는 불가능하다. 여기에서는 '하자!'라고 생각했으면 즉시 행동할 수 있는 자신을 만든다는 의미로 이해하길 바란다.

가령 길가에 떨어져 있는 쓰레기를 줍는다고 가정하자. '지금 쓰레기봉투도 없고……', '손이 지저분해질 거야……', '쓰레기통을 찾아다니기도 귀찮아', '쓰레기통이 없으면 어떡하지?' 등 다양한 감정이 솟아날 것이다. 행동하기 전의 감정을 솔직하게 적은 다음, 행동을 하고, 행동을 마쳤으면 즉시 행동한 뒤의 감정을 기록한다. 행동하기 전에는 '귀찮은데……'라고 생각했던 것이 막상 행동해 보면 사실은 전혀 귀찮지 않았으며, 오히려 지금까지 하지 않았던 것을 해서 '마음이 편해졌다', '더 행농하고 싶어졌다' 같은 감정의 변화가 일어났을 것이다. 어쩌면 '해 보기는 했는데, 이게 무슨 의미가 있지?' 같은 감정을 느꼈을지도 모른다. 어떻게 느끼느냐는 사람마다 다르다. '이렇게 느껴야 한다' 같은 정해진 답은 없다.

감정은 행동을 촉진하는 계기가 되지만, 동시에 행동을 억제하는 계기도 된다. 당신이 어떤 감정일 때 행동하는 일이 많은지, 반대로 어떤 감정일 때 행동을 그만두는 일이 많은지 문자화하면 그 패턴이

보일 것이다.

또한 하고 싶지 않은 감정이 되었더라도 그 감정에 휩쓸리지 않고 자신의 의지로 감정을 조절할 수 있다. '귀찮은데……', '하고 싶지 않아'라는 감정을 인식했다면 그것은 앞에서 이야기했던 현상 유지 메커니즘의 소행이다. 의식은 자신의 성장을 위해서 새로운 일에 도전하려 하지만, 현상 유지 메커니즘은 새로워지는 것에 저항한다. 그러므로 '귀찮은데……', '하고 싶지 않아'라는 감정이 나타났을 때 '이것은 현상 유지 메커니즘의 소행이야'라고 인식할 수 있다면 그 감정에 휩쓸리지 않고 행동할 수 있다. 현상 유지 메커니즘은 저항하고 또 저항하겠지만, 그 저항에 굴복하지 않고 계속 행동하면 결국 행동하는 것을 현재 상태로 받아들이고 행동하지 않는 것에 저항하게 된다.

가령 양치질에 관해서 생각해 보자. 지금은 '이를 닦기가 귀찮아'라고 생각하는 일은 거의 없으며, 오히려 이를 닦지 않으면 기분이 찝찝할 것이다. 이 찝찝함이 바로 현상 유지 메커니즘의 저항이다. 그러나 어렸을 때를 떠올려 보자. 이를 닦는 것이 정말 귀찮지 않았던가? 그러나 부모님이 "충치가 생기니까 이를 닦으렴!"이라고 계속 잔소리를 하시니까 잔소리를 듣기 싫어서 마지못해 매일 이를 닦았고, 그러는 사이에 어느덧 매일 이를 닦는 것이 귀찮지 않게 되었을 것이다.

나이를 먹을수록 외부의 강제는 줄어 간다. 외부의 강제를 전혀 받지 않는 사람도 많을 것이다. 그렇기 때문에 스스로 강제해야 한다.

<mark>지금까지 하지 않았던 것을 하면 저항이 생기기 마련이다.</mark> 그 저항을 파악하기 위해 감정을 문자화해서 자신의 패턴을 알아 두자. 패턴을 알아 두면 앞으로 새로운 일에 도전할 때, 저항하는 현상 유지 메커니즘을 달래면서 '사즉실행'을 할 수 있게 될 것이다.

이 아침에 일어나자마자 책상 위를 치우는 모습을 머릿속에 그릴 수 있을 것이다. 또한 시기를 정함으로써 '결정한 일을 반드시 달성하자'라는 의욕도 느낄 수 있다.

문자로 표현하면 객관적으로 볼 수 있는데, 당신은 이 두 사례를 봤을 때 어느 쪽이 더 실현될 가능성이 더 크다고 생각하는가? 아마도 문자의 양이 많은 쪽이 더 실현성이 높게 생각될 터다. 문자의 양이 많아질수록 이미지가 더욱 구체적으로 되기 때문이다.

더 자세히 표현한다면 이런 식이 된다.

1. 아침에 일어나자마자 책상 위를 치워서 책상 위에 아무것도 놓여 있지 않은 상태를 만든다

더욱 구체적으로 되었다.

다짜고짜 목표를 향해서 행동하지 말고, 일단은 워밍업으로 '하자고 생각은 하면서도 하지 않은 것'부터 시작하자. 간단히 할 수 있는 것부터 행동해 나가면 '나는 글로 적은 것을 실현할 수 있는, 행동할 수 있는 인간이다'라는 암시를 자신에게 걸 수 있다. 그리고 이것은 점점 무의식 부분의 사고에 반영되어서, 서서히 '행동하지 않으면 마음이 놓이지 않는' 상태가 되어 간다.

다만 이 '하자고 생각은 하면서도 하지 않은' 행동이 너무 간단하

11

문자의 양을 늘려서 표현할수록 이미지가 구체적으로 된다

사흘 동안의 도전을 끝냈다면 다시 사흘 동안 똑같은 일에 도전한다. 행동은 똑같지만 기한 등 조건이나 제약을 추가하고 문자의 양을 늘려서 구체적으로 표현한다. 가령 116페이지의 실천 과제 20이라면 다음과 같다.

1. 책상 위를 치운다
위에 다음과 같은 식으로 조건이나 제약을 추가한다.
1. 아침에 일어나자마자 책상 위를 치운다

첫째 날의 '책상 위를 치운다'에 '아침에 일어나자마자'라는 시기(기한)를 추가했다. "아침에 일어나자마자"라는 말이 들어가면 자신기만 하면 금방 질려 버릴 것이다. 게임도 너무 쉬우면 금방 질리지 않는가? 그래서 게임의 경우는 서서히 난이도를 높여 나감으로써 플레이어가 더 큰 즐거움을 느끼게 한다. 그러니 익숙해졌다면 행동의 난이도를 점점 높여 나가길 바란다.

🖊 실천 과제 21

실천 과제 20에서 사흘 동안 했던 행동에 조건이나 제약을 추가해서 문자량을 늘려 기재하고 도전해 보자.

하자고 생각은 하면서도 하지 않은 것	예정일	실천일

12
지금 당장 할 수 있는 것을 하면 행동이 가속화된다

지금 당장 할 수 있는, 눈앞에 있는 작은 행동을 축적해 나가면 반드시 목적지에 도달할 수 있다.

가령 당신은 현재 오사카의 쓰텐카쿠(통천각)에 있는데, 지금부터 도쿄역까지 이동하자고 결심했다. 현재의 위치와 목적지는 알고 있으므로 다음에 결정할 것은 이동 수단이다. 이동 수단의 선택지는 도보, 버스, 승용차, 고속열차, 비행기 등 다양하다. 여기에서는 신칸센을 선택했다고 가정하겠다. 그러나 도쿄행 고속열차를 타려면 신오사카역까지 가야 한다. 쓰텐카쿠에서 곧바로 탈 수는 없으며, 현대의 과학 기술로는 신오사카역으로 순간 이동을 할 수도 없다. 쓰텐카쿠에서 아무리 기다린들 고속열차가 와 주지도 않는다. 가장 가까운 도부쓰엔마에역까지 걸어가서 미도스지선 지하철을 타고 신오사카역으로 가야 하는 것이다.

쓰텐가쿠에서 도부쓰엔마에역까지 걷는다면 지하철이라는 도보보다 빠른 속도의 탈것을 탈 수 있다. 행동이 가속화되는 것이다. 신오사카역에 도착했다면 속도가 더 빠른 고속열차를 타고 도쿄역이라는 목적지에 도착할 수 있다.

지금 당장 할 수 있는 것을 하나하나 해 나가면 행동에 속도가 붙어서 목적지에 도착할 수 있다.

그런데 개중에는 지하철을 탔다가 다음 역에서 바로 내리고서는 "도쿄역에 도착하지 못했네. 나한테는 능력이 없나 봐"라며 한숨을 쉬는 사람이 있는데, 이래서는 영원히 도쿄역에 도착하지 못한다. 목적지는 느닷없이 눈앞에 나타나지 않는다. 지향하는 바가 명확해지면 그때마다 할 수 있는 것이 눈앞에 모습을 드러낸다. 그 눈앞에 나타난 것들을 하나하나 실천해 나가면, 행동이 행동을 부르고 그 행동에 속도가 붙어서 어느덧 목적지에 도달한다.

눈앞에 나타난 것을 '사즉실행'으로 실천해 나간다. 그 과정에서 당신의 머릿속에는 그 행동을 하지 않는 편이 좋은 이유가 수없이 떠오를 것이다. 그것은 전부 당신이 바뀌는 것을 막으려는 현상 유지 메커니즘의 저항이다. 저항임을 안다면 당신이 마음먹기에 따라서는 그 저항을 이겨 낼 수 있을 것이다.

작은 행동의 축적이 현실로 만드는 '힘'을 확실히 높인다. 그 '힘'이 커

질수록 행동은 가속화되며, 그 결과 현실이 되기까지 시간도 짧아진다.

🖊 실천 과제 22
4장을 읽고 깨달은 점이나 감상을 문자화해 보자.

(추가) 이 장에서 소개한 '현상 유지 메커니즘'에 관해서 더욱 깊게 공부하고 싶다면 이시이 히로유키 씨의 『감정의 브레이크를 제거하는 법』(최윤영 옮김, 에이지21)을 꼭 읽어 보길 바란다. 내 인생을 바꾼 책이다.

5장

.
.
.
.
.

**자신을 인정하는 힘인
'자인력'이 당신을 바꾼다**

01

성과를 내는 사람은 작은 일에 기쁨을 느낀다

'성과를 내는 사람'은 아무리 작은 일에도 기쁨을 느끼는 습관이 있다.

'음식은 딱히 맛있지 않았지만, 모두와 함께 먹을 수 있어서 즐거운 식사였어.'

'오늘도 모두가 건강하게 하루를 보낼 수 있었어.'

'사원들이 한 명도 쉬지 않고 일해 줬어.'

이런 작고 당연한 일을 당연하게 여기지 않고 감사나 기쁨을 느낀다. 이런 작은 감사 또는 기쁨 하나하나가 미래의 커다란 감사 또는 기쁨으로 이어짐을 잘 알기 때문이다. 미래의 커다란 감사 또는 기쁨은 오늘을, 아니 지금 이 순간을 미래의 커다란 기쁨으로 연결할 때 비로소 달성할 수 있다. 그래서 매초, 매분, 매시간, 매일을 정성

껏 살아야 하는 것이다.

반면에 성과를 내지 못하는 사람은 작은 일에 고마움을 느끼지 못한다. 그들은 배포가 작은 사람만이 작은 일을 의식한다고 생각한다.

'이만큼을 해도 고작 이것밖에 못 하는 건가……. 그에 비하면 그 사람은…….'

이렇게 자신의 행동을 인정하지 않고 타인과 비교하기를 반복하며 자신에게 상처를 준다. 아마도 당신은 '나는 안 그래!'라며 인정하지 않겠지만, 만약 작은 일에서 감사나 기쁨을 발견했다면 '나를 바꾸고 싶어. 하지만 바꿀 수가 없어?' 같은 고민은 하지 않았을 것이다.

작은 변화가 쌓여서 큰 변화가 되는 것이다. 거꾸로 말하면, 큰 변화는 작은 변화가 쌓였을 때만 일어난다.

작은 변화를 인정할 수 있는 사람이 되면 점점 큰 변화를 인정할 수 있게 된다. 나는 이것을 '자인력自認力'이라고 부른다. 자인력이 없으면 도중에 포기하고 싶어지며, 설령 큰 성과를 냈더라도 그 성과에서 공허함을 느끼고 만다. 반대로 자인력이 있으면 매일의 행동에서 기쁨을 느낄 수 있게 되며, 성과를 냈을 때 그 성과가 자신감으로 이어져서 더 높은 곳을 향해 나아가게 된다.

이 장에서는 이 '자인력'을 단련하는 방법을 소개하겠다.

02

금방 성과가 나기를 기대해서는 안 된다

무엇인가 새로운 것을 시작하면 우리는 금방 성과가 나기를 기대해 버린다. 인간이라면 누구나 편하게 성과를 내고 싶어 한다. 또한 시중에 넘쳐나는 "단 ○일이면……"이라는 식의 정보도 성과를 금방 손에 넣을 수 있는 것으로 착각하게 만든다.

물론 금방 손에 넣을 수 있는 성과도 있기는 하다. 그러나 그 성과가 자신의 것이 될지 어떨지는 별개의 문제다. 가령 학창 시절을 떠올려 보자. 시험 범위가 정해진 중간고사나 기말고사는 하룻밤 벼락치기를 해서 성적을 올릴 수 있다. 그러나 범위가 정해져 있지 않은 모의고사는 하룻밤 벼락치기를 한다고 해서 성과가 나지 않는다.

몇 번을 이야기했지만, 생각을 현실로 만들지 못하는 것은 그 생각을 현실로 만들 만큼의 '힘'을 갖추지 못했기 때문이다. 중간고사나 기말고사의 경우는 높은 점수를 받을 '힘'을 벼락치기로 손에 넣을 수 있지만, 인생은 그렇지 않다. '나는 지금까지 쉽고 간단하게 성과를 내 왔어. 그러니 노력 따위는 필요 없어'라고 생각할지도 모르지만, 만약 정말로 그렇다면 이 책을 여기까지 읽을 일도 없었을 것이다. '머리말'을 몇 줄 읽다 책을 덮지 않았을까? 여기까지 읽은 것은 생각을 현실로 만들려면 그만큼의 '힘'을 키워야 하며, 이를 위해서는 시간과 자신의 행동, 노력이 필요함을 인식하기 때문이다. 당신이 손에 넣고 싶은 것은 금방 사라져 버릴 실력인가? 아니면 평생을 써먹을 수 있는 실력인가? 아마도 후자이기에 여기까지 이 책을 읽었을 것이다.

"기대는 불만으로 바뀐다"라는 말이 있다. 금방 성과가 손에 들어오기를 기대하면 성과를 내지 못하는 자신에게 불만을 느끼고 점점 자신을 믿지 못하게 되며, 그 결과 '나는 무엇을 해도 성공하지 못해'라는 생각을 현실로 만들어 버린다.

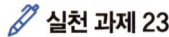 **실천 과제 23**

지금까지 인생을 되돌아보고, 시간을 들여서 손에 넣은 성과를 문자화해 보자.

03

성급하고 '기다릴 줄 모르는' 현대인

현대인은 정말로 성격이 급하다. 가령 문자 메시지를 보냈으면 즉시 답신이라는 성과를 요구한다. '상대는 내가 그 메시지를 보낸 즉시 확인했을 것이 틀림없어'라고 제멋대로 믿어 버리는 것이다. 어쩌면 상대는 자고 있을지도 모르고, 다른 중요한 일에 한창 집중할지도 모른다. 그럼에도 즉시 답신이 오지 않으면 '무시당했어!'라고 생각해 버릴 만큼 인내력이 부족하다.

이것은 무엇인가를 할 때도 마찬가지다. 성과가 날 때까지 기다리는 인내력이 없기 때문에 금방 그만두며, 그 결과 오래 계속하지 못한다. 금방 성과가 난다면 그것은 애초에 그 성과를 낼 수 있을 정도의 '힘'을 갖추었다는 의미이므로 실제로는 전혀 성장한 것이 아니다. 반대로 성과가 나지 않는다는 것은 성과를 낼 만큼의 '힘'을 지니지 못했다는 의미다. 그러므로 '힘'을 키우기 위해 매일 작은 노력을 쌓아 나갈 필요가 있다.

　이렇게 말하면 '그런 당연한 소리를 굳이 할 필요가 있나?'라고 생각하는 사람도 있겠지만, 이 '당연한' 것을 이해하는 사람이 많지 않다. 인간은 나약한 생물이다. 자신이 하는 것에 대해 무엇인가 반응이 느껴지지 않으면 의욕을 내지 못한다. 그래서 필요한 것이 '성취감'이다.

04

작은 것에 성취감을 느끼는 습관을 들인다

성취감은 무엇인가 성과를 냈을 때 얻는 것이다. 그 성과를 큰 것으로 설정하면 큰 성과를 냈을 때만 성취감을 느낄 수 있다. 사람들이 행동을 계속하지 않는 원인은 이 성취감을 느끼지 못하기 때문이다. 목표가 멀수록 성취감을 느끼기까지 시간이 걸리게 된다.

그렇다면 어떻게 해야 할까? 작은 성과에도 성취감을 느끼도록 자신을 바꿔 나가야 한다. 이 장의 앞머리에서 "성과를 내는 사람은 작은 일에 기쁨을 느낀다"라고 말했다. 이 상태를 만들면 되는 것이다. 가령 앞 장에서 결정한 행동을 실천했을 때, 꽃 모양의 동그라미를 치도록 한 것은 이것을 체감하게 하려는 의도였다. 그리고 이를 위해서 필요하며 단련해야 하는 것이 바로 '자인력'이다.

다시 한번 말하지만, 기존의 자신은 '작은 행동에 성취감을 느끼는'데 익숙하지 않기 때문에 반드시 반발하게 될 것이다. 그 반발은 현상 유지 메커니즘의 소행이다. 성과를 내는 사람들의 현상 유지 메커니즘은 작은 일에 기뻐하는 것이다. 그러나 성과를 내지 못하는 사람들의 경우, 작은 일에 기뻐하려 하면 현상 유지 메커니즘이 반발한다.

왜 반발하는 것일까? 그 이유는 어렸을 때 '그런 작은 것에 기뻐해서는 안 된다'라는 가치관이 주입되었기 때문이다.

05

작은 성과로는
인정받지 못한 경험

나는 지금 이 원고를 카페에서 쓰는데, 옆자리에 어떤 어머니와 아이가 앉아 있다. 초등학교 5학년에서 6학년 정도로 보이는 아이가 시험 문제를 풀면 그것을 어머니가 채점하는 듯하다. 아이는 "다 풀었어요! 여기요!"라며 밝은 표정으로 어머니에게 채점을 재촉했다. 그러자 어머니는 답안지와 대조해 보고 모든 문제에 동그라미를 친 뒤, 한숨을 쉬면서 이렇게 말했다.

"하아……. 이런 쉬운 문제를 다 맞혔다고 그렇게 좋아하면 어떡하니? 이 정도 문제는 다른 아이들도 당연히 풀 줄 안다고."

그 말을 듣고 '엄격한 분이시네'라고 생각하면서도 많은 가정에서 이런 일이 일어나고 있지 않을까 하는 생각이 들었다.

나도 외동아들을 키우는데 아들이 한 행동을 무의식중에 부정한 적이 있다. 하루는 아들이 하라는 공부는 안 하고 열심히 애니메이션 캐릭터의 그림을 그리더니 내게 보여 주는 것이다. 본래는 열심히 그린 것이나 잘 그린 것을 칭찬해 줘야 했는데, 그때 나는 아들이 공부를 하지 않았다는 쪽에 집중된 나머지 이렇게 말해 버렸다.

"하라는 공부는 안 하고 이런 그림이나 그리고 있었던 거야?"

내 기대대로 공부하지 않은 것을 질책해 버린 것이다. 이러면 아들은 내 눈치를 보게 되며, '그림 그리기 같은 작은 것은 인정해 줄 수 없다'라는 내 생각을 주입받는다.

그래도 즉시 나의 실수를 깨달았다.

"열심히 그리더니 그림 실력이 늘었구나."

이렇게 말해 주기는 했지만 이미 엎질러진 물이었다.

지금까지 '작은 성과는 인정하지 않는' 습관이 든 사람을 많이 만났는데, 대부분 지금 이야기한 두 사례처럼 어린 시절에 부모님에게 작은 성과를 인정받지 못하고 큰 성과를 요구받은 경험이 있었다. 그 가치관으로 10대, 20대, 30대를 보내고 지금에 이른 것이다. 긴 시간 동안 굉장히 뿌리를 깊게 내린 상태이기에 그리 쉽게는 바뀌지 않는다. 현상 유지 메커니즘이 강하게 반발하는 것도 이 때문이다. 그러나 자신에게 그런 가치관이 있음을 깨닫는다면 바꿔 나갈 수 있다. 작은 성과를 인정할 수 있는 자인력을 함께 키워 나가자.

실천 과제 24

나의 경험담처럼 '인정해 줘야 했다'고 생각하는 경험을 적고, '왜 인정해 주지 못했는가?'라는 이유도 함께 적어 보자.

06

자신이 정한 타이밍에
글을 쓴다

 자인력을 키우기 위해 먼저 해야 할 일은 공책에든 수첩에든 메모 애플리케이션에든 상관없으니, 매일 자신이 정한 타이밍에 글을 쓰는 시간을 마련하는 것이다. 아침에 일어난 직후여도 좋고, 밤에 양치질을 마치고 잠자리에 들기 전이어도 좋다. 스스로 타이밍을 정하길 바란다.

 그 타이밍은 누구도 아닌 자기 자신과의 약속이다. 소중한 사람과 한 약속은 무슨 일이 있어도 지킬 것이다. 약속을 지키는 것은 '그 사람을 소중히 여긴다'라는 암시를 거는 것과 같다. 그 소중한 사람에 당신 자신도 포함시키길 바란다.

 다른 사람과 한 약속은 지키면서 자신과 한 약속은 어긴다. 어길수록 '나는 나를 소중히 생각하지 않는다'라는 암시를 걸게 된다. 소중한 사람과 한 약속을 지키지 못하는 자신을 신뢰하지 못하게 되어 점점 자기혐오에 빠지고 만다.

타이밍을 결정할 때, 구체적 시각으로 결정하는 것은 어지간히 의지가 강한 사람이 아닌 이상 권하지 않는다. 시각으로 결정해 버리면 그 약속을 지키는 난이도가 크게 높아지기 때문이다. 가령 한창 회식 중인데 결정한 시각이 되었다면 어떻게 하겠는가? 도중에 빠져나와서 글을 쓰는 자신을 상상할 수 있는가? 알람을 맞춰서 전화가 온 척하며 밖으로 나가는 방법은 있겠지만, '남들이 어떻게 생각하든 신경 쓰지 않아'라는 둔감력의 소유자가 아니고서는 실행하기가 어려울 것이다.

그러니 앞에서 말한 것처럼 아침에 일어난 직후라든가 밤에 양치질한 직후, 혹은 점심 식사를 한 뒤, 밤에 잠들기 전 등 평소에 하는 행동과 한 세트로 만들도록 하자.

07

왜 잠들기 전을 추천하는가?

   나는 아침에 글을 쓰는 습관이 생겼지만, 글을 쓰는 습관이 없다면 지금까지 사람들을 지도한 경험상 밤에 잠들기 전을 추천한다. 잠들기 전에 글을 쓰는 습관을 들이면 그날 일어난 일들을 되돌아보고 개운하게 잠들 수 있기 때문이다.

   수면에 관한 전문 서적을 읽어 보면, 뇌는 수면 중에도 활동을 하며 기억을 정착하려면 반드시 수면이 필요하다고 한다. 짜증을 내거나 불쾌한 기분인 채로 잠들면 그날 하루의 기억이 짜증 나거나 불쾌한 기분으로 정착되어서 다음 날 개운하게 눈을 뜨지 못한다. 아침에 개운하게 눈을 뜨지 못하면 그날 하루도 짜증 나거나 불쾌한 기분으로 보내게 되고, 눈에 보이는 모든 것이 짜증이나 불쾌한 기분을 증폭시킨다.

그 짜증 나거나 불쾌한 기분을 주위 사람들에게 드러내거나 말로 표현하면 주위 사람들도 짜증을 내거나 불쾌한 기분이 되며, 자신을 짜증 나게 하거나 불쾌하게 만드는 사람과 가까이 지내고 싶어 하는 사람은 없으므로 고립되어서 또다시 짜증이나 불쾌한 기분이 증폭되어 간다. 그리고 '아무도 나를 이해해 주지 않아'라는 피해의식에 사로잡힌 채 하루를 보내고 잠자리에 든다.

많은 사람이 빠지기 쉬운 악순환을 문자화해 봤는데, 읽으면서 짜증이 났을 것이다. 이런 악순환에 빠지면 결국 정신적으로 무너지고 만다. 그러나 지금부터 소개하는 항목을 매일 정해진 타이밍에 적으면 자인력이 자연스럽게 높아질 것이다.

참고로 지금부터는 잠들기 전의 타이밍에 글을 쓰기로 결정했다는 전제 아래 이야기를 진행하겠다.

✏️ 실천 과제 25

다음의 빈칸을 채워 보자.
나는 (　　　　)의 타이밍에 나 자신에 관해서 글을 쓸 것을 나 자신에게 약속한다.

08

할 수 있었던 것에 주목한다

지금부터는 매일 쓸 글의 내용에 관해서 이야기하겠다.

먼저 그날에 할 수 있었던 것을 떠오르는 대로 적길 바란다.

'할 수 있었던 것? 그런 게 있었나?'

자신에게 엄격한 당신은 아마도 이런 식으로 생각하지 않을까 싶다. 내가 사람들을 지도한 경험상, 자신에게 엄격한 사람은 예외 없이 자신이 할 수 있었던 것에 주목하는 것을 어려워하는 느낌이었다. '이런 간단한 걸 할 수 있었다고 말할 수는 없어'라고 무의식적으로 판단해 버리는 것이다. 이 장의 앞머리에서 말했듯이 작은 것을 인정할 수 있게 되지 않으면 할 수 있었던 것을 쓰는 데 어려움을 겪게 된다.

이를테면 '이 책을 여기까지 읽은 것'도 할 수 있었던 것에 속한다. 예전에 "아닙니다. 책을 끝까지 읽는 것은 시간이라는 생명을 걸고 책을 써 준 저자에 대한 예의이지요"라고 말씀하신 분이 계셨다. 그분은 책을 읽는 것을 너무도 당연한 일로 여겼기에 '할 수 있었던 것'이라고 생각하지 않으셨다. 그러나 대부분의 사람은 책조차 읽지 않으며, 읽더라도 고작해야 한 장章 정도 읽고 그만둔다. 그런데 당신은 5장까지 읽었으므로 '할 수 있었던 것'이라고 말하기에 부족함이 없다.

  당연한 것이라도 상관없다. 하루를 되돌아보고 그런 당연한 것들을 많이 적어 보길 바란다.

"이를 닦을 수 있었다."
"아이에게 인사를 할 수 있었다."
"배우자에게 인사를 할 수 있었다."
" '잘 먹겠습니다'라고 말할 수 있었다."
" '잘 먹었습니다'라고 말할 수 있었다."
"음식을 50번 씹으면서 맛을 음미할 수 있었다."

  할 수 있었던 것에 주목해 보면 이처럼 쓸 내용이 얼마든지 있다. 회사에 출근한 과정 하나만 봐도 많은 것을 쓸 수 있다.

"역까지 걸어갈 수 있었다."

"지하철을 탈 수 있었다."

"지하철에서 빈자리에 앉을 수 있었다."

"회사에 갈 수 있었다."

"회사 동료에게 인사할 수 있었다."

"동료의 성과를 칭찬할 수 있었다."

"회사 컴퓨터의 전원을 켤 수 있었다."

"쌓여 있었던 이메일의 답장을 보낼 수 있었다."

이처럼 우리의 하루는 수많은 '할 수 있었다'로 구성되어 있다. 그저 자신이 의식하지 못할 뿐이다. 그렇다면 왜 의식하지 못하는 것일까? 그것은 할 수 있었던 부분에 주목하는 습관이 없기 때문이며, 당연한 일에 고마워하는 습관이 없기 때문이다.

09

왜 '할 수 있었는가?'를 생각해 본다

하루 동안에 할 수 있었던 것들을 적었으면 그중에서 어떤 한 가지에 주목해, 그것을 혼자의 힘으로 할 수 있었는지 아니면 타인의 도움을 받았는지 생각해 보길 바란다. 이것은 문자화해도 좋고 머릿속에서만 생각해도 무방하다.

'할 수 있었던 것'에는 두 종류가 있다. 혼자의 힘으로 할 수 있었던 것과 타인의 도움을 받았기에 할 수 있었다.

이 가운데 '혼자의 힘으로 할 수 있었던 것'은 사실 그렇게 많지 않다. 가령 '아이에게 인사를 할 수 있었다'라는 것은 아이가 없으면 성립하지 않는다. '이를 닦을 수 있었다'는 어떨까? 혼자의 힘으로 할 수 있을 것처럼 느껴지겠지만 실제로는 그렇지 않다. 이를 닦기 위해서 사용하는 칫솔은 당신이 만든 것인가? 치약은? 입을 헹굴 때 사용한 컵은? 그 컵에 물을 담으려고 틀었던 수도꼭지는? 물을 운반해 준 수도관은? 애초에 그 물을 안심하고 입에 넣을 수 있었던 것은 당신의 힘이었는가?

이번에는 거꾸로 생각해 보자. 만약 어떤 단계에서 하나라도 실패가 있었다면 어떻게 될까? 가령 물의 안전성이 담보되지 않는다면 이를 닦을 수 있을까? 그 안전성을 담보하기 위해 매일 보이지 않는 곳에서 우리를 뒷받침해 주는 사람들이 있기에 안심하고 이를 닦을 수 있는 것이다.

이런 식으로 생각을 진행하면 자신이 '할 수 있었던 것'의 이면에는 얼굴도 이름도 모르는 수많은 사람의 뒷받침과 공헌이 있었음을 깨달을 수 있다.

그리고 이렇게 해서 의식적으로 작은 행동에 감사할 수 있게 되면 점점 무의식적으로 작은 행동에도 감사하게 된다.

10

실패 '할 수 있었다'고 인정할 수 있는가

실패할 수 있었던 것도 '할 수 있었던 것'에 속한다.

할 수 있었던 것을 적는 실천 과제에서 실패할 수 있었던 것을 적는 사람은 거의 없다. '실패=하지 못했던 것'이라고 정의하기 때문이다. 성과를 내는 사람과 내지 못하는 사람은 이 실패에 대한 해석에서 큰 차이가 난다.

성과를 내지 못하는 사람은 '실패=해서는 안 되는 것, 부끄러운 것'이라고 생각한다. 반면에 성과를 낼 줄 아는 사람은 '실패=배움'이라고 생각한다.

성공에서 얻을 수 있는 것은 보수이며, 실패에서 얻을 수 있는 것은 배움이다. 누구나 무심코 내뱉은 말 때문에 타인을 화나게 했던 경험이 있을 텐데, 그런 쓰디쓴 경험을 통해서 개선해 나가는 것이 배움이다. 사람은 무엇인가를 잃었을 때나 후회했을 때만 배움을 얻을 수 있다. 아쉬움, 부정적 감정이 그 배움을 기억에 각인시킨다.

가령 입시 지도를 하는 분들에게 성적이 쑥쑥 오르는 아이들의 특징을 물어보면 입을 모아서 "모의고사를 본 뒤에 곧바로 시험지를 다시 들여다봅니다"라고 말한다. 이야기를 들어 보면, 그 아이들은 모의고사의 성적을 그 시점에 자신의 실력이 드러난 것으로 생각한다. 당장의 표준점수가 높은지, 원하는 학교의 합격권에 들 수 있는지 같은 것에는 흥미가 없다. 그들의 관심사는 그 모의고사에서 풀지 못했거나, 틀렸거나, 풀었지만 확신이 없었던 문제들이다. 성적이 오르는 아이들은 모의고사를 자신의 성적을 알기 위한 것이 아니라, '현시점에서 자신에게 부족한 부분을 알기 위한 것'으로 여기는 것이다.

성공만 하면 언젠가 그 보수를 얻는 데 익숙해져서 보수가 보수로 느껴지지 않게 된다. 실패라는 배움이 없기에 성장도 없고, 실패를 받아들일 수 있는 정신력이 형성되지 않아 좌절에도 약해진다.

그러므로 실패는 꼭 해야만 하는 것이다. 하루를 보내는 가운데 실패할 가능성이 큰 것, 아쉬움을 느끼는 것에 적극적으로 도전하고, 설령 성공하지 못했더라도 그것을 '실패할 수 있었던 것'으로서 '할 수 있었던 것'에 포함시키길 바란다.

작은 행동을 인정하고, 실패도 인정한다. 이것을 매일 반복하면 자인력은 반드시 성장한다.

11

실패했을 때 해서는 안 되는 두 가지 행동

자인력은 실패와 어떻게 마주하느냐에 따라서 변화한다. 많은 사람은 잘못된 방식으로 실패와 마주하기 때문에 자신을 인정하기는커녕 '이런 나는 인정할 수 없어', '나를 용서할 수 없어', '나는 글렀어'라는 자기 비하에 빠진다.

이런 사태를 방지하기 위해, 실패했을 때 해서는 안 되는 행동 두 가지에 관해서 이야기하려 한다.

1. 실패를 직시하지 않는다

자신을 객관적으로 바라보지 못하는 사람이나 완벽주의자는 실패를 직시하지 않는 경우가 많다. 이런 사람들은 '다른 사람들에게 훌륭하다고 인정받고 싶어'라는 승인 욕구가 강한 경향이 있다.

완벽주의에 빠지면 "실패할 수 있었다"라는 말을 절대 쓰지 못한다. 실패를 인정하고 싶지 않기 때문에 쓰지 않거나, '내가 이런 실패를 할 리 없어'라며 외면하거나, '이번에는 운이 없어서 실패했지만 다음에는 반드시 성공할 거야'라며 자신을 과대평가한다.

솔직히 말하면 이렇게 말하는 나 자신이 바로 그런 유형이었다. "극복했습니까?"라고 묻는다면, 이런 글을 쓸 정도이니 전보다는 극복했다고 말할 수 있을 것이다. 다만 오랫동안 이 사고방식으로 살아왔기 때문에 완전히 극복했다고는 생각할 수 없다. 아니, 이렇게 생각하는 것도 자만심일 뿐이기에 극복했다는 생각은 하지 않고 있다.

실패했다면 반드시 원인이 존재한다. 어쩌면 설정한 목표가 지나치게 높았을지도 모른다. 그 원인을 생각하고 대책을 궁리하는 것이 배움으로 이어진다. '실패 같은 건 신경 쓰지 마!'라고 긍정적으로 생각하는 사람도 있지만, 실패의 원인을 생각해 보지도 않고 방치하는 것을 정말로 긍정적이라고 말할 수 있을까?

'내가 이런 실패를 할 리 없어. 그저 운이 없어서 실패했을 뿐, 다음에는 반드시 성공할 거야'라는 생각도 마찬가지다. '운이 없어서 실패한' 것이라면 성공 또한 '운이 좋아서' 우연히 한 것이 된다. 이래서는 현실로 만드는 '힘'이 생기지 않는다.

2. 더욱 가혹한 임무를 부여한다

이것은 자신에게 엄격한 사람에서 많이 볼 수 있는데, "실패한 것은 부담이 부족했기 때문이야"라며 더욱 가혹한 임무를 자신에게 부여하는 사람이 있다. 가령 매일 3킬로미터를 달리기로 결심했던 사람이 달리지 못했다고 가정하자. 그러면 내일은 오늘 달리지 못한 3킬로미터를 추가해 6킬로미터를 달림으로써 하루 평균을 3킬로미터로 맞추자고 생각한다.

물론 이틀에 6킬로미터를 달린 것은 같지만, 몸에 주는 부담은 완전히 다르다. 계속 이런 식으로 무리하면 애초에 달리기 시작한 목표를 잃어버리게 된다. 점점 달리는 것이 괴로워져서 결국은 달리기를 포기하며, '역시 나는 글렀어'라고 생각하게 된다.

달리기를 못했다는 사실을 받아들이고 '그 원인은 무엇이었을까?', '어떤 대책을 세워야 할까?'를 생각하자. 그러면 자신을 인정하는 결과로 이어질 것이다.

12

만약 다시 한번
할 수 있다면

    그렇다면 그 실패에 대한 대책은 어떻게 세워야 할까? 실패했다는 사실은 바꿀 수 없다. 그러나 그 사실을 어떻게 받아들이느냐는 당신에게 달려 있다.
    자신에게 이렇게 물어보길 바란다.
    "만약 다시 한번 할 수 있다면?"
    자신에게 이 질문을 던지면 실패를 받아들이고 그 실패에 대해 어떤 대응을 할 수 있을지 생각하게 된다. 실패와 마주하지 않으면 '일단은 실패를 외면하자'라며 뒤로 미루게 된다. 그리고 계속 뒤로 미루면 다음에는 실패한 사실을 없었던 일로 만들려 한다. 단순히 없었던 일로 만들 뿐이라면 주위 사람들에게는 피해를 주지 않으므로 그나마 나은 편이지만, 개중에는 실패의 책임을 주위 사람들에게 떠넘기는 사람도 있다. "저 녀석 때문에 실패한 거야. 저 녀석이 내 말대로 했다면 성공했을 텐데. 나는 억울해"라며 주위 사람들에게 책임을 떠넘겨서 자신의 평가를 더 떨어뜨리는 것이다.

실패를 외면하는 이유는 그 실패가 자신의 가치를 떨어뜨린다고 생각하기 때문인데, 한 번 실패했다고 해서 자신의 가치가 떨어지지는 않는다. 그러나 실패와 마주하지 않아서 계속 같은 실패를 거듭한다면 자신의 가치는 크게 떨어진다.

실패하지 않는 사람은 없다. 실패는 배움이며, 아직 생각을 현실로 만들 '힘'이 부족하다는 의미일 뿐이다. 무엇이 부족했는지, 어떻게 해야 할지 궁리해서 실천하면 자인력도 현실로 만드는 힘도 높아진다.

자꾸 말하지만, 실패했다고 해서 자신을 질책할 필요는 전혀 없다. 실패한 사실을 겸허하게 받아들이고 '만약 다시 한번 할 수 있다면?'을 생각해서 그 실패를 배움으로 바꿔야 한다. 세상에 실패하고 싶어서 실패하는 사람이 어디 있는가? 실패해서 우울할 때 다른 사람들에게 "왜 그런 실수를 한 거야!", "바보같이!"라는 말을 들으면 더욱 우울해지는데, 타인이 그런 말을 하는 것은 어찌할 수 없다 해도 여기에 동조해 자신을 질책할 필요는 전혀 없다.

13

타인에게 인정받지 못하더라도 자신을 인정해 준다

'자신에게 관대한 사람이나 자신을 인정하는 거야!'

어쩌면 이렇게 생각하는 사람도 있을지 모른다. 이것은 달리 말하면 '타인에게 인정받지 못하는 나는 절대 인정해 줄 수 없어'라는 의미가 된다.

타인을 통제할 수는 없다. 다른 사람이 당신을 통제하려 한다면 어떤 기분이 들겠는가? 당연히 기분이 나빠져서 반발할 것이다. 이것은 다른 사람도 마찬가지다.

그렇다면 누군가에게 인정받는다면 자신을 인정할 수 있을까? 그 누군가가 이미 이 세상에 없는 사람이라면 영원히 자신을 인정할 수 없게 되어 버린다.

타인이 인정해 주지 않더라도 자신이 최선을 다했다면, 그것을 인정해

주길 바란다. 만약 최선을 다하지 않았을 경우는 그 사실을 인정하고 다음부터는 최선을 다하면 된다.

정말로 자신에게 관대한 사람은 실패를 보고도 못 본 척하면서 그냥 지나간다. '누군가가 어떻게든 해 주겠지'라며 타인에게 기대는 것이다.

이 세상에는 타인에게 인정받고 싶어 하는 사람이 가득하다. 그러나 인정해 주는 사람은 적다. 요컨대 그 사람들을 인정할 수 있는 사람이 된다면 당신은 희소가치가 있는 존재가 되며, 많은 사람이 당신을 원하게 될 것이다. 그러나 생각해 보자. **가장 가까운 존재인 자신도 인정하지 못하면서 어떻게 타인을 인정할 수 있겠는가?**

자신을 가장 많이 보는 사람은 바로 자신이다. 그런 자신이 쌓아 올린 것을 부정하지 말고 긍정해 주길 바란다. 또 인정해 주길 바란다. 자신을 인정하기 위해 누군가의 허락을 받을 필요는 없다.

14

자신과 타인을 비교하지 않는다

 나는 다른 사람이 아니다. 같은 꽃이라도 벚꽃과 국화가 다르듯이, 같은 인간이라도 당신과 타인은 다른 존재다. 벚꽃에는 벚꽃만의 아름다움이 있고, 국화에는 국화만의 아름다움이 있다. 이와 마찬가지로 당신에게는 당신만의 장점이 있다. 따라서 비교는 의미가 없다. 비교해야 할 대상은 타인이 아니라 과거의 자신이다. "남의 떡이 더 커 보인다"라는 말이 있듯이, 인간은 자신을 객관적으로 바라보지 못한다.
 사람은 저마다 수많은 재능과 장점이 있지만, 그것을 보려고 하지 않고 자신이 갖지 못한 타인의 재능을 부러워한다. 이것이 자신을 필요 이상으로 질책하는 계기가 되어서 자인력을 잃게 만든다.

15

자인력을 비약적으로 성장시키는 유일한 비결

 마지막으로 자인력을 비약적으로 성장시키는 비결을 소개하고 이 장을 마무리하겠다. 이 비결을 실천할 수 있느냐 없느냐에 따라 정말로 무의식의 영역에서 자신을 인정해 줄 수 있을지 없을지가 결정된다. 그 비결은 다음과 같다.

 '단정적인 문체로 쓴다.'

 '단정적인 어조로 말한다.'

 당신 자신이 주어가 되는 문장이나 대화에서는 모호한 표현을 전부 단정적으로 표현하는 것이다. 이렇게 말하면 쉬워 보이지만, 처음에는 잘되지 않을 것이다. 내가 운영하는 온라인 스쿨에도 자신의 의견에 자신감이 없으면 무의식중에 "~라고 생각합니다", "~인 것 같습니다"라는 말로 끝맺는 사람들이 있다.

이것을 지적하면 반응은 두 부류로 나뉜다. 첫째는 단정적 어조로 자신의 의견을 표현하면, '주위 사람들이 비난하지 않을까?'라는 불안감 때문에 단정적으로 말하지 못했다는 반응이다. 둘째는 자신은 단정적인 문체로 쓰려고 했는데 무의식중에 "~라고 생각합니다", "~인 것 같습니다"라는 표현을 사용했다는 반응이다.

'무의식중에 그랬다고? 그 말을 믿으라는 거야?'라고 생각할지도 모르지만, 그런 사람들은 내 강좌를 듣기 전까지 수십 년간 단정적 표현을 사용하지 않고 살아왔다. 무의식의 부분이 단정적 표현에 익숙하지 않은 것이다. 익숙하지 않기 때문에 확신이 없는 의견일 경우 무의식적으로 모호한 표현을 사용해 버린다.

가령 당신은 다른 사람에게 어떤 제안을 받았을 때, 이런 식으로 대답한 경험이 없는가?

"그거 괜찮네요. 해 보면 좋을 것 같아요."

괜찮다고 생각했다면 왜 "해 보겠습니다"라고 단정적으로 말하지 못하는 것일까? "해 보면 좋을 것 같아요"라고 말했을 경우, 하겠다고 결정한 것이 아니기에 거의 행동으로 옮기지 않는다. 제안한 사람의 체면을 세워 주려고 한 말일 뿐이다.

한편 제안하는 사람은 당신의 말투를 통해서 당신의 대답이 진심인지 아닌지 판단한다. 이 경우는 매우 비관적으로 판단할 것이다.

평소에 단정하는 것에 익숙하지 않으면 결단이 요구될 때 모호한 대답을 하게 된다. 모호한 대답에는 각오가 담겨 있지 않으므로 말로만 하겠다고 할 뿐, 하지 않는다. 하겠다고 말해 놓고서 하지 않는 자신이 점점 싫어진다. 이렇게 해서 자신을 인정할 수 없게 된다.

그러니 평소에 글을 쓸 때든 대화할 때든 단정적 어조를 사용하는 습관을 들이길 바란다. 아마도 처음에는 두려울 것이다. 그것은 당연한 일이다. 익숙하지 않은 행동이기 때문이다. 그러나 '단정적 어조를 사용했다'라는 것도 '할 수 있었던 것'에 추가할 수 있다.

단정적으로 말했기에 행동으로 옮겼지만 실패로 끝난 경험도 수없이 할 것이다. 그러나 당신은 실패할 때마다 확실히 배우면서 생각을 현실로 만들기 위한 '힘'을 키워 나가고 있다. 자전거도 처음부터 잘 탈 수 있었던 사람은 거의 없다. 자꾸 넘어지면서 타는 법을 익혀 자전거를 자연스럽게 탈 수 있는 자신으로 진화해 간 것이다.

매일 '할 수 있었던 것'을 축적해 나가자. 설령 실패하더라도 "만약 다시 한번 할 수 있다면 어떻게 해야 할까?"를 자신에게 물어보면서 계속 도전하길 바란다. 그렇게 해서 '할 수 있었던 것'을 쌓아 나가고 작은 일에 기쁨을 느끼는 습관이 몸에 배면 현실로 만드는 '힘'도 크게 강해질 것이다.

🖊 실천 과제 26

5장을 읽고 깨달은 점이나 감상을 문자화해 보자.

6장

현실로 만드는 '힘'을
키우는 공부법

01

현실로 만드는 '힘'이 없기에 더더욱 배워야 한다

이 책에서 일관되게 하는 이야기는 다음의 두 가지다.

"생각을 문자화하면 현실이 된다."

"현실로 만들지 못하는 것은 '현실로 만들 힘'이 없기 때문이다."

꿈이나 목표는 달성하면 현실이 되므로, 현실적으로 할 수 있는 것들을 쌓아 나가면서 그 꿈이나 목표를 달성할 수 있을 정도의 '힘'을 지닌 자신이 되어야 한다. 아무것도 하지 않고 생각을 문자화하는 것만으로도 그 생각을 현실로 만들 수 있다면, 이 모두가 자신의 바람을 이루어 행복한 인생을 살아야 하지만, 현실은 그렇지 않다.

그 '힘'을 키우려면 어떻게 해야 할까? 혼자서 무작정 열심히 노력한다는 선택지도 있지만, 현실로 만들지 못하는 자신이 무작정 열심히 노력한다고 해서 '힘'이 생길 리는 없다. 따라서 진심으로 꿈이나 목표를 현실로 만들고 싶다면, 반드시 다른 사람에게 배울 필요가 있다. 배우는 방법은 다양하다. 책을 읽는 방법도 있고, 유튜브 등 인터넷에 올라온 동영상을 보는 방법도 있으며, 세미나나 워크숍을 수강하는 방법도 있다. 가령 입시라면 참고서를 사서 읽거나 유튜브에 올라온 강의 동영상을 보면서 독학으로 공부할 수도 있고, 학원에 다니는 방법도 있다.

그렇다면 강의 동영상을 많이 보면 성적이 오를까? 그렇지는 않다. 문제집을 풂으로써 그 동영상을 보고 배운 것을 출력하지 않으면 자신의 '힘'이 되지 않는다(개중에는 동영상을 보는 것만으로 성적이 오르는 천재도 있겠지만, 그런 천재는 이 책을 읽지 않을 터이므로 논외로 삼겠다). 요컨대 출력, 즉 배운 지식을 사용해 보는 것이 중요하다는 뜻이다. 입시의 경우는 문제집 등 배운 지식을 출력할 수 있는 것이 준비되어 있다. 게다가 정답도 준비되어 있다. 그래서 행동하기가 쉬우며, 정말로 자신의 것이 되었는지도 금방 알 수 있다.

우리는 어렸을 때부터 하나의 답이 준비된 교육에 익숙해졌다. 그러나 인생의 경우는 그 문제집에 해당하는 것을 스스로 준비해야 하며, 정답도 준비되어 있지 않다. 우리 한 사람 한 사람이 스스로 답을 만들어 내야 한다. 그래서 기껏 배우고서도 무엇을 해야 할지 알지 못하며, 행동 사례가 제시되어도 그것이 정답인지 아닌지 알 수 없는 까닭에 행동하지 못한다. 행동하지 않으니 당연히 꿈이나 목표를 현실로 만들지도 못하고 '힘'도 생기지 않는다. 이것을 가르쳐 준 사람의 탓으로 돌리거나 '내 실력이 부족한 탓이야', '내 머리가 나빠서 그래'라며 자신을 질책함으로써 행동하지 않을 요인을 스스로 만들어 버리는 악순환이 만들어진다.

그런 상황에 빠진 사람을 위해, 이 장에서는 현실로 만들기 위한 '힘'을 키우는 공부법에 관해서 이야기하겠다.

02

배운 것을 '힘'으로 바꿀 수 있을지 없을지는 배우기 전 단계에 이미 99퍼센트 결정된다

같은 세미나를 들었음에도 그곳에서 배운 것을 '힘'으로 바꾸는 사람과 바꾸지 못하는 사람이 있다. 학교 수업도 마찬가지다. 같은 수업을 받았는데 성적이 오르는 학생이 있는가 하면 오르지 않는 학생도 있다. 가르치는 사람은 배우는 모두가 성과를 내기를 바라는데 말이다.

그렇다면 왜 똑같이 배웠음에도 이런 차이가 생기는 것일까? 수많은 세미나를 개최했고 또 수강해 온 나도 왜 그런 차이가 생기는지 궁금해져서 성과를 내는 사람들에게 직접 물어봤다. 그 결과, 물론 '행동을 하는가 안 하는가?'도 큰 차이였지만, 사실은 배우기 전에 이미 그 차이가 명확하게 드러나 있음을 알게 되었다.

구체적으로는 이렇다. 배운 것을 '힘'으로 바꾸는 사람은 그 배움에서 '무엇을 얻을 것인가?'를 명확히 결정하고 능동적인 자세로 수강하고 있었다. 그에 비해 바꾸지 못하는 사람은 '뭔가 얻는 것이 있었으면 좋겠네'라는 수동적 자세로 수강했다.

이것은 세미나에 참석했을 때만의 이야기가 아니다. 책을 읽거나, 무료 동영상을 볼 때도 마찬가지다. 배운 것을 '힘'으로 바꾸는 사람은 무엇을 얻을지 명확히 결정한다.

'무엇을 배울 수 있을지도 모르는데, 배우기 전부터 얻을 것을 정해 놓는다는 건 이상하지 않아?'

이렇게 의문스럽게 생각하는 사람도 있을지 모른다. '힘'을 키우는 사람들은 '목표에 대한 과제를 해결할 아이디어를 얻는다'라고 정해 놓는다.

그러려면 목표나 과제가 명확해야 한다. 가령 컨설턴트를 양성하는 연속 강좌의 경우, 첫 강좌부터 이렇게 말하는 사람이 나타난다.

"이번 강좌에서 배운 것을 컨설팅한다는 약속으로 자문 계약을 맺고 왔습니다."

배우기 전부터 계약을 맺음으로써 '모르는 것이 용납되지 않는 환경'으로 자신을 몰아넣은 것이다. 그리고 수강 중에는 배운 것을 그 자문처에 어떻게 활용할 수 있느냐는 관점에서 강좌를 들으며, 배운 것을 자문처에서 실천한 뒤 다음 강좌에 임한다. 배운 것을 출력할 수밖에 없는 환경을 만들어 놓고 배우니, '힘'이 붙지 않을 수 없다.

반대로 '힘'이 붙지 않는 사람은 목표도 과제도 모호하다. 그저 배우면 저절로 '힘'이 붙으리라고 생각하며, 배운 것을 어떻게 출력할지는 일단 배운 뒤에 궁리하면 된다고 생각한다. 이러면 출력할 곳이 없기 때문에 배운 지식을 활용하지 못하고 썩히게 된다.

03

여기까지 진지하게 읽은 사람만이 얻을 수 있는 깨달음

이 책을 여기까지 진지하게 읽은 당신에게 한 가지 질문을 하겠다. 이 실천 과제만큼은 처음 읽는 중이라도 반드시 해 보길 바란다.

✏️ 실천 과제 27

당신은 무엇을 얻기로 결정하고 이 책을 여기까지 읽었는가? 문자화해 보자.

지금 가슴이 '뜨끔!'했겠지만 그렇다고 책을 덮지는 않았으면 한다. 이 내용을 책의 종반에 집어넣은 이유는 그 '뜨끔!'이라는 감정을 맛보게 하려는 의도에서다. 사람은 감정이 움직였을 때 비로소 그것을 기억에 남기는 습성이 있다. 만약 당신이 지금 '뜨끔!'했다면 여기에서 배운 내용은 기억 속에 강하게 남을 것이다. '머리말'부터 여기까지 문장은 지금 '뜨끔!'이라는 감정을 느끼게 하려고 쓴 것이라고 해도 과언이 아니다.

어쩌면 처음에는 무엇을 얻을지 결정하고 읽지 않았을지도 모른다. 그러나 두 번, 세 번, 네 번 읽을 때는 무엇을 얻을지 결정하고, 나아가 실천 과제도 하면서 읽기를 바란다. 한 번 읽고 나면 익숙해져서 두 번째부터는 술술 읽힐 것이다. 읽을 때마다 다른 깨달음을 얻을 수 있는 책, 읽을수록 맛이 나는 책이라고 생각하면서 여러 번 읽어 나가면 배운 것이 '힘'으로 바뀌어 갈 것이다.

04

얻겠다고 결정한 것을 얻기 위한 열쇠를 쥐고 있는 가장 중요한 인물은?

무엇을 얻을지 명확히 결정한 다음 배움에 임한다. 그렇다면 당신에게 질문하겠다. 그 결정한 것을 얻기 위한 열쇠를 쥔 가장 중요한 인물은 누구일까?

교사일까? 강사일까? 동영상 발신자일까? 책의 저자일까?

전부 틀렸다. 그렇다. 열쇠를 쥐고 있는 가장 중요한 인물은 바로 나 자신이다. 나는 이것을 **"주체자 의식'을 갖고 배운다"**라고 말한다. 배운 것을 활용할지 썩힐지는 전부 자신에게 달려 있다. 주체란 미래를 제안하고, 앞장서서 행동하며, 모범을 보이는 것이다.

그렇다면 이 주체자 의식을 언제부터 인식하기 시작해야 할까?

힌트는 '사즉실행'이다. 이제 알겠는가?

그렇다. 이 순간, 바로 지금부터다.

다음 질문이다. 그 배움에 대한 당신의 주체자 의식은 몇 퍼센트인가? 10퍼센트인가? 50퍼센트인가? 아니면 100퍼센트인가?

부디 100퍼센트 이상으로 임하길 바란다. 만약 100퍼센트가 안 된다면, 그것은 '자신이 하지 못하는 것을 다른 사람의 탓으로 돌리는' 심리가 남아 있다는 뜻이다. 분명히 강의나 책의 내용이 재미가 없을지도 모른다. 따분할지도 모른다. 그러나 그 재미없는 내용을 어떻게 재미있게 만들지는 스스로 결정할 수 있다. '재미없어', '따분해'라고 생각한다면 그 이유는 대부분 '자신의 현재 가치관과 맞지 않기 때문'이다. 요컨대 '재미를 느끼는 것'만 배운다면, 자신의 현재 가치관을 강화할 뿐이다. 그러나 '사실은 자신의 성장으로 이어지고 있지 않음'을 깨닫지 못한 채 재미를 느끼는 것만 배우려 하는 사람이 많다.

현 단계에서는 흥미가 없는 것도 자신의 가치관을 넓히기 위해 주체자 의식을 갖고 배워 볼 것을 권한다.

05

누구를 주어로 삼느냐에 따라 달라진다

현실로 만드는 힘이 강한 사람들은 예외 없이 주체자 의식이 100퍼센트 이상이어서, 어떤 사건이 일어나든 전부 자신의 책임이라고 생각한다. 설령 비나 눈이 내리더라도 자신의 책임이라고 말한다. 날씨는 인간이 통제할 수 있는 것이 아니므로 자신의 책임으로 생각할 필요는 없지 않으냐고 생각할지도 모른다. 그러나 그들은 "그날 예정을 집어넣은 사람은 나니까 내 책임이야"라고 말한다. '날씨가 나빠진 것은 내가 통제할 수 없는 영역이지만, 그 상황에서 어떤 행동을 할지는 내가 선택할 수 있다'라고 생각하는 것이다.

가령 회의를 열었는데 참가 멤버 중 한 명인 A가 지각해서 시작 시각이 10분 늦어졌다고 가정하자. 이때 어떤 의식을 갖느냐에 따라 지각한 사람에 대한 대응이 달라진다. 보통은 'A가 회의에 지각했다'라고 생각할 것이다. 그리고 회의에 지각한 A를 질책하거나 무시하는 등 지각에 대해 제재를 가하는 사람도 있을 것이다. 혹은 '다음부터 지각하지 않으려면 어떻게 해야 할까?'를 생각하도록 요구하는 사람도 있을지 모른다. 그러나 현실로 만드는 힘이 강한 사람은 이렇게 생각한다.

'A가 회의에 지각한 건 내 책임이야. A가 지각을 경험하지 않도록 내가 할 수 있는 일이 있지 않았을까?'

'A의 지각'이라는 사실에 대해 많은 사람은 A를 책망하지만, 현실로 만드는 힘이 강한 사람들은 주체자로서 자신에게 책임이 있다고 받아들인다.

다시 한번 말하지만, 주체란 미래를 제안하고, 앞장서서 행동하며, 모범을 보이는 것이다. '내 잘못이야'라고 생각하던 차에 누군가가 구원의 손길을 내밀어 준다면 그 사람을 위해서 '최선을 다해 공헌하자', '보답하자'라고 생각할 것이다. 꿈이나 목표를 현실화하는 힘이 강한 사람들은 그런 것을 계산에 넣지 않고 구원의 손길을 내밀지만, 꿈이나 목표를 현실로 만들기 위해 움직이기 시작하면 이전에 구원받았던 많은 사람이 그 은혜에 보답하자고 생각해 협력한다. 그래서 현실로 만드는 '힘'도 속도도 상승하는 것이다.

06

배움을 방해하는 적

이야기가 약간 샛길로 빠졌는데, 다시 본론으로 돌아가자. 배움을 시작하면 반드시 나타나는 적이 있다. 그리고 많은 사람이 그 적의 달콤한 속삭임에 자연스럽게 설득당한다. 그러면 당신에게 질문하겠다. 그 적은 누구일까?

바로 나 자신이다.

조금 더 구체적으로 말하면 '현재 상태를 유지하려는' 현상 유지 메커니즘의 소행이다. 앞에서 이야기했듯이 현상 유지 메커니즘은 바뀌려 하는 자신을 현재 상태에 머물게 하려는 작용으로, 우리가 생명을 유지하기 위해서 갖추고 있는 메커니즘이다. 가령 체온이 높아지면 땀을 흘려서 체온을 낮추려 하고, 체온이 낮아지면 몸을 떨어서 체온을 높이려 하는 것도 현상 유지 메커니즘이다. 다만 현상 유지 메커니즘은 때때로 자신의 성장을 방해하기도 한다. 특히 무엇인가를 배우기 시작했을 때, 현상 유지 메커니즘이 이를 방해하는 경우가 많다.

어쩌면 학구열이 높은 당신은 이 책에 담겨 있는 지식이나 정보 중 대부분을 이미 잘 알지도 모른다. 그런 지식이나 정보를 만났을 때, 무슨 생각이 들었는가?

'아, 이거 알고 있는 건데.'

'전에 들어 본 적이 있어.'

바로 이것이 현상 유지 메커니즘의 달콤한 속삭임이다. '알고 있는', '들어 본 적이 있는' 지식이나 정보에 관해서는 중요성을 느끼지 않게 만드는 것이다.

그러면 당신에게 한 가지 질문을 하겠다. 당신은 그런 지식이나 정보를 이미,

"사용하고 있는가?"

"실천하고 있는가?"

세미나에서 똑같은 질문을 하면 대부분이 시선을 다른 곳으로 돌린다. 실천한 적이 없음을 자각하기 때문이다. 많은 사람이 '이것을 하면 반드시 성공한다'라는 지식이나 정보를 갖고 있어도 그것을 실천하지 않는다. 실천하지 않았으므로 당연히 '힘'도 생기지 않는다.

현상 유지 메커니즘의 좋은 측면과 나쁜 측면을 알아 두면 행동을

멈추게 하는 달콤한 속삭임이 현재의 상태를 유지하기 위한 것임을 깨닫게 된다. 나는 알고 있는 지식이나 정보가 눈앞에 나타나면 업무나 일상에서 그것을 실천하는지 자신에게 물어봐야 한다고 생각하는데, 당신은 어떻게 생각하는가?

🖉 실천 과제 28

지금까지 배운 것이나 세미나에서 얻은 지식 가운데 현재도 사용하는 것을 1분 동안 열거해 보자.

07

배움의 종착점을 어디로 설정해야 할까?

행동하지 않는 사람은 '정답을 찾아내는' 것을 배움의 종착점으로 설정한다. 반면에 현실로 만드는 '힘'이 강한 사람들은 '아이디어를 실천하는' 것을 배움의 종착점으로 설정한다.

우리는 반드시 정답이 있는 교육에 익숙해져 있다. 그리고 무의식적으로 '정답은 가르치는 쪽에서 제공해 주는 것'이라고 생각한다. 그러나 학교 교육과 달리, 그것이 정답인지 아닌지는 시험해 봐야 알 수 있다. 세상에는 수많은 과학 논문이 발표되고 있지만, 100퍼센트의 성과를 낸 실험은 존재하지 않는다. 가령 어떤 실험에서 피험자의 80퍼센트로부터 명상이 스트레스를 줄여 준다는 결과를 얻었다고 가정하자. 물론 높은 성과이지만, 거꾸로 생각하면 20퍼센트에게는 명상이 스트레스를 줄여 주는 효과가 없었던 것이다.

그러나 정답이 있는 것에 익숙해진 우리는 성과가 나지 않을 가능성이 조금이라도 있으면, '돈과 시간 낭비가 아닐까?' 같은 이런저런 이유를 생각해 내면서 행동을 멈추려 한다. 아니, 정확히 말하면 애초에 행동을 하지 않는다.

현실로 만드는 힘이 강한 사람들은 '100퍼센트 성공하는 것은 없다'라는 사실을 뼛속 깊이 이해하기에 '성공하면 대박'이라는 정도의 마음가짐으로 배운 것을 실천한다. 또한 현상 유지 메커니즘이 '행동하는 것'을 당연하게 여기는 까닭에 "그렇게 성급히 행동하지 마시오" 같은 말을 들으면 오히려 당혹감을 느낀다.

그렇다면 행동하기 위한 아이디어를 어떻게 만들어 내야 할까? 지금부터 이에 관해 이야기하겠다.

08
배움에 낭비가 없어지는 브리징법

이것은 하라다 다카시 선생에게 배운 방법인데, 배우기 전에 무엇을 얻을지 미리 결정해 놓으면 배움과 평소의 업무 또는 일상의 상황을 연결해 생각하게 되어 배운 것을 실제 업무나 일상에서 어떻게 활용할지, 어떻게 행동해야 할지 깨닫게 된다는 것이다.

키워드는 '나라면 어떻게 할까?'다. 전혀 알지 못하는 이야기라도 자신이 주체자가 되어서 생각하는 습관을 들인다. 가령 세미나에서 프로 축구 선수의 이야기가 나왔다고 가정하자. '나하고는 상관없는 이야기네'라고 생각해도 되지만, '나라면 어떻게 할까?'라는 관점에서 생각해 보는 것이다.

'프로 축구 선수는 이런 생각을 하고 있구나. 나는 이것을 어떻게 응용할 수 있을까?'

이와 같이 새로운 분야의 이야기를 접했을 때, 그것이 기존의 지식과 결합해 새로운 아이디어로 이어지는 경우가 종종 있다. 전설적인 카피라이터인 제임스 웹 영은 『60분 만에 읽었지만 평생 당신 곁을 떠나지 않을 아이디어 생산법』(이지연 옮김, 정재승 감수, 월북)이라는 저서에서 "아이디어란 기존 지식의 조합이다"라고 말했다.

현실로 만드는 '힘'이 강한 사람들은 세미나를 듣거나 무엇인가를 배우는 도중에 메모를 많이 하는데, 그 메모의 내용을 보면 강사가 한 이야기나 슬라이드에 나온 것은 거의 없다. 그렇다면 무엇을 메모했을까? 강사의 이야기를 듣거나 슬라이드에 나온 것을 보고 얻은 깨달음이나 아이디어를 잊어버리지 않도록 메모로 남긴다. 그들은 입을 모아서 "세미나는 무엇인가를 배우기 위한 장소가 아니라 아이디어를 만들어 내기 위한 장소"라고 말한다. 어떤 아이디어가 새롭게 떠올랐다면, 그것을 행동의 층위까지 구체화한다. 개중에는 즉시 화장실에 가는 척하며 밖으로 나와 부하 직원이나 관계자에게 지시하는 경우까지 있다.

또한 그들은 폭넓은 분야의 지식을 갖춘 경우가 많다. "어떻게 그런 분야까지 알고 있는 겁니까?"라고 물어보고 싶어질 만큼 박학다식한데, 그 이유 중 하나는 이 브리징법을 일상적으로 자연스럽게 실천하기 때문이다.

내가 자주 하는 질문 중에 이런 것이 있다.

"지금부터 눈을 감고 제가 하는 질문에 대답해 주십시오. 실내에 빨간색의 물건이 얼마나 있었습니까?"

눈을 감으면 그때까지 눈에 들어왔지만 '보이지 않았던', '인식하지 않았던' 빨간색의 물건들이 눈 속으로 날아든다. 당신도 경험한 적이 있을지 모른다. 현실로 만드는 '힘'이 강한 사람은 무엇을 얻을지 명확히 정해 놓기 때문에, '눈앞에 나타난 것은 내게 필요하기에 나타난 것'이라고 생각한다. 그래서 '이것은 낭비니까 필요 없어'라고 판단하지 않는다.

그리고 동시에 다른 분야와 연결시키면 새로운 아이디어나 가치를 만들어 낼 가능성이 크다는 것도 수많은 경험을 통해서 터득하고 있다. 내가 얻기로 결정한 것과 눈앞에 나타난 것을 어떻게 연결해야 할까? 이렇게 생각하는 습관이 무의식의 층위까지 침투해 있기에 박학다식해지려고 의식하지 않아도 박학다식해지는 것이다.

또한 그들은 자신을 박학다식하다고 생각하지 않는다. 오히려 '나는 미숙해'라고 생각한다. '배울수록 내가 모르는 것이 늘어나는' 상태가 되어 가는 까닭에 '내가 가진 지식은 티끌 정도에 불과하다'라고 과소평가하는 것이다. 그렇기에 더더욱 모르는 것은 모른다고 솔직하게 말할 수 있으며, 그 지식을 가진 사람에게 호기심을 품고 접근한다. 그러면 상대는 자신이 가진 지식을 기꺼이 가르쳐 준다. 인간은 누군가 자신의 이야기를 들어 주기를 바라기 때문이다.

얻을 것을 명확히 결정한 당신의 눈앞에 나타나는 것 가운데 쓸모없는 것은 존재하지 않는다. 부디 브리징법을 실천해 새로운 지식이나 아이디어로 연결시켜 나가길 바란다.

09

배운 것을 정리하기 위한
필수 아이템

 어지간히 기억력이 뛰어난 사람이 아니라면, 배운 내용을 자신의 것으로 정착시키기 위해 공책이나 메모 애플리케이션 등을 사용할 것이다. 그런데 "그 공책이나 메모 애플리케이션을 다시 읽어 보십니까?"라고 물어보면, 대부분이 "아니요"라고 대답한다. 당신은 어떤가?

 '배운 것을 정리하기 위한 필수 아이템'으로서 내가 소개하고 싶은 것은 포스트잇이다. 포스트잇을 사용하면 깨달음의 수를 가시화할 수 있다. 또한 포스트잇은 배열 순서를 바꿀 수 있기에 중요한 순서대로 나열하거나 필요한 깨달음을 즉시 추려 낼 수 있다.

 그뿐만이 아니다. 포스트잇은 공간이 매우 좁은 까닭에 필연적으로 요약해서 문자화할 수밖에 없다. 다음 날 다시 읽어 봤을 때 그 요약한 키워드를 계기로 그 포스트잇에 문자화했을 때의 감정이나 이미지가 떠오르고, 그 감정이나 이미지에 이끌려 강사가 어떤 이야기를 했는지도 기억이 되살아나는 경우가 많다. 이것은 배운 지 얼마 안 되었을 때만 적용되는 이야기가 아니다. 1년 후에 포스트잇을 다시 봤을 때 그 키워드에 기반을 둔 행동이나 사건이 함께 떠올라서 새로운 깨달음을 얻게 되는 경우도 있다.

우리는 선생님이 먼저 칠판에 문자화한 것을 공책에 옮겨 적는 습관이 형성된 까닭에 그것을 한 글자도 빼놓지 않고 다 적으려 한다. 학교 선생님은 그렇게 해도 필기가 끝날 때까지 기다려 주지만, 강의나 세미나의 강사는 기다려 주지 않는다. 그래서 강사가 제공하는 판서나 슬라이드, 이야기를 열심히 옮겨 적으려 하면 정작 중요한 아이디어가 잘 떠오르지 않게 된다. 물론 강사가 제공하는 것을 전부 흡수하고 싶은 마음은 충분히 이해한다. 그렇지만 그것을 전부 흡수한들 행동으로 옮기지 않는다면 아무런 의미도 없다.

참고로 노트에 필기하는 방법이나 메모하는 방법에 관해서는 시중에 수많은 책이 나와 있다. 전부 저자가 실천했을 때 효과가 있었던 것들이므로, 여기에서 소개한 포스트잇 이용법에 집착하지 말고 관심이 가는 저자의 책을 한 권 읽어 볼 것을 권한다.

10

일단은 우직하게
실천해 본다

무엇인가를 가르치는 곳에 가면 강사가 "이것을 해 보십시오"라고 행동을 제안한다. 책의 경우도 각 장의 마지막 부분 등에 '실천 목록' 같은 형태로 행동을 제안하는 항목이 실려 있다. 그렇다면 얼마나 많은 사람이 실제로 그 행동을 실천할까? 아마도 열 명 중 한두 명 정도이지 않을까 싶다. 특히 책의 경우, 그 책에 실려 있는 실천 과제를 실천하는 사람은 거의 없다. 그저 읽었다는 데 만족할 뿐이다.

나는 이 책과는 별개로 자기소개에 관한 책을 두 권 출판했다. 그 책에 "자기소개문을 보내 주시면 첨삭해 드리겠습니다"라고 적었지만, 실제로 자기소개를 보낸 사람은 100명도 안 된다(물론 가장 큰 원인은 내가 독자를 '자기소개문을 꼭 작성해야겠어!'라는 상태로 이끌지 못한 것이다. 기껏 구입해 주신 독자 여러분을 행동으로 이끌지 못해 죄송할 따름이다).

"책을 읽어도 행동으로 옮기지 않는 사람이 많다"는 말은 행동으로 옮기는 것만으로도, 책을 구입하지 않은 사람은 물론이고 구입했다고 해도 행동으로 옮기지 않은 사람들보다 큰 성과를 낼 가능성이 높아진다는 의미다.

그렇다면 강좌나 세미나의 경우는 상황이 다를까? 사실은 이쪽도 딱히 다르지 않다. 행동하지 않는 사람들에게 그 이유를 물어보면 거의 전원이 이렇게 대답한다.

"가르쳐 주신 내용을 아직 완전히 이해하지 못했기 때문에 실천할 수 없습니다."

입시 공부의 경우는 배운 것을 문제집을 통해서 실천하고 틀리기를 반복하는 가운데 배운 것을 몸에 익혀 나간다. 그런데 "아직 완벽하게 이해하지 못해서 문제집을 풀 수 없어요"라고 말하는 학생이 있다면 어떻게 하겠는가? "그래, 아직 완벽히 이해하지 못했다면 문제집을 풀기는 어렵겠지"라고 상냥하게 말해 주겠는가? 아마도 "말도 안 되는 변명은 집어치우고 당장 풀어!"라고 호통을 칠 것이다.

강의나 책에서 가르치는 쪽이 제공하는 실천 목록은 입시 공부의 문제집에 해당하는 것이다. 다만 입시 공부와 다른 점이 한 가지 있다면, 그것은 '확실한 정답이 없다'는 것이다. 문제집에는 정답이 있지만, 인생의 경우 "가능성이 크다"라는 말 이상은 할 수 없다.

가령 같은 실천 목록을 실천해도 'A씨는 효과를 봤지만 B씨는 거의 효과를 보지 못하는' 경우가 있다. 이 경우는 '그 실천 목록이 A씨와는 잘 맞았지만 B씨와는 잘 맞지 않았다'라고 판단할 수 있다. 그러나 이것도 실천했을 때 비로소 판단할 수 있으며, 해 보기 전에는 알 수 없다.

우리는 확실한 정답이 있을 때는 주저 없이 행동하지만, 정답이 없으면 불안해져서 행동을 주저한다. 그렇기 때문에 5장에서 이야기한 '자인력'이 필요한 것이다. 결과는 자신만의 힘으로 통제할 수 있는 것이 아니다. 가령 '반드시 계약을 성사시킬 수 있는 클로징 토크'라는 것을 배워서 실천했더라도, 상품을 살지 말지 결정할 권한은 이쪽이 아니라 고객에게 있다. 배운 대로 클로징 토크를 했더라도 계약에 실패할 가능성은 얼마든지 있다는 말이다. 그러나 '실천했다', '행동했다'라는 사실은 남는다. 요컨대 실천을 쌓아 나가는 것이 중요하다. 실천을 거듭하면 설령 실패하더라도 경험치를 쌓을 수 있고, 그 과정을 되돌아보면서 강사가 가르쳐 준 것과 무엇이 달랐는지 생각할 수 있다. 그리고 이때 배운 것을 복습하게 되며, '나는 올바르게 실천했다고 생각했지만 실제로는 내 멋대로 변형시킨 탓에 잘못 실천하고 있었다'는 사실도 깨닫게 된다.

그 깨달음의 수가 많아질수록 '힘'이 붙어서 결국은 강사가 이야기한 대로 결과를 낼 수 있는 실력을 갖추게 되는 것이다.

11

가르쳐 준 사람에게 적극적으로 물어보자

현실로 만드는 '힘'이 강한 사람들은 강사 등 가르쳐 준 사람에게 적극적으로 질문하는 사람들이기도 하다. 당신도 가르쳐 준 사람에게 적극적으로 질문하길 바란다. 실천했으면 그 상황을 보고해 조언을 듣고, 그 조언을 반영해서 다시 도전한다.

그들이 적극적으로 질문할 수 있는 이유는 무엇일까? 그것은 배운 것을 우직하게 실천했기 때문이다. 가르치는 쪽은 사람들이 자신에게 배운 내용을 실천하지 않는다는 사실을 잘 안다. 물론 이것은 가르치는 쪽의 실력이 부족한 탓도 있으므로 그 실력을 더욱 높여 나가야겠지만, 어쨌든 그렇기 때문에 자신에게 배운 것을 실천하면 기뻐한다.

자신이 가르친 것을 실천한 사람이 성과를 얻지 못한다면, 자신의 가르침은 거짓말이 되어 버린다. 가르치는 쪽도 거짓말쟁이는 되고 싶지 않기에 어떻게 해서든 당신이 성과를 낼 수 있게 적극적으로 지도해 줄 것이다. 책의 저자도 마찬가지다. 저자들은 대부분 SNS를 하기에 저자에게 연락하는 것은 어렵지 않다. 어떤 저자든 독자를 소중히 생각하기에 어지간히 바쁜 베스트셀러 작가나 "직접 질문은 받지 않습니다"라고 말하는 저자가 아닌 이상 기꺼이 당신의 질문에 대답해 줄 것이다.

'다른 사람들도 많이 질문할 텐데, 시간을 너무 빼앗는 것은 아닐까?'라고 걱정할 필요는 없다. 누계 40만 부가 넘는 판매 부수를 기록한 저자에게 물어봐도 "질문은 1년에 10건 정도 있을까 말까 한 수준입니다"라고 말한다. 그러니 저자가 반드시 질문에 대답해 주리라는 기대는 하지 말고, 책을 읽은 감상과 함께 질문을 보내 볼 것을 권한다.

다만 질문할 때 무작정 답을 달라는 식으로 물어봐서는 안 된다. '자신이 현재 어떤 상황인가?', '그 상황에서 어떻게 실천했는가?', '그 결과 어떻게 되었는가?' 등 자신의 배경과 실천 상황을 반드시 함께 보고하자. 물론 질문은 길어지겠지만, 가르치는 쪽도 당신의 상황을 모르면 조언해 줄 수 없다. 상황을 자세하고 구체적으로 문자화하면 가르치는 쪽도 더 구체적인 정보를 제공할 수 있게 된다.

✏️ 실천 과제 29

6장을 읽고 깨달은 점이나 감상을 문자화해 보자.

후기

하루에 1퍼센트의 시간을 문자화에 할애하면
인생이 100퍼센트 달라진다

이 책을 끝까지 읽어 준 당신에게 진심으로 감사를 전한다.

생각을 현실로 만들려면 그 생각을 현실로 만들 수 있을 정도의 '힘'을 지녀야 한다. 이것은 이 책에서 일관되게 전하고자 했던 점이다. 안타깝지만 어떤 생각이든 그저 생각하기만 해서는 현실로 만들 수 없다. 그 생각을 현실로 만들 '힘'을 키우기 위해 행동을 거듭해야 한다. 원인이 없는 결과는 존재하지 않는다.

그 '힘'을 어떻게 키워야 할까? 어떤 행동을 해야 할까? 최단 거리로 '힘'을 키우는 데 필요한 기술이 바로 '생각의 문자화'다. 나뿐만이 아니라 강좌 수강생들도 실천해서 효과를 봤으며 즉시 실천할 수 있는 것을 엄선해서 이 책에 소개했으니 꼭 실천해 보길 바란다.

이제 마지막으로 전하고 싶은 것이 있다.

"하루의 1퍼센트를 할애해서 문자화하면 인생이 100퍼센트 달라진다."

나는 사람들에게 이 말을 입버릇처럼 한다. 하루는 1,440분이니까 1퍼센트라고 하면 대략 15분이다. 하루에 15분간 생각을 문자화하는 시간으로 삼길 바란다.

'자신의 머릿속에 있는 것을 문자로 표현한다.'

문자로 표현하면 한 줄밖에 안 되는 간단한 행동이지만, 이 간단한 행동을 계속하지 못하는 사람이 대부분이다. 그리고 계속하는 사람과 계속하지 못하는 사람의 사이에는 큰 격차가 생겨난다.

새 공책을 한 권 사도 좋고, 스마트폰이나 컴퓨터의 메모 애플리케이션을 사용해도 무방하다. 그곳에 자신의 생각을 열심히 적어 보자. 누구에게 보여 줄 것도 아니니 자신의 본심을 솔직하게 적길 바란다. 그렇게 매일 적어 가다 보면 '나는 이런 생각을 하고 있었구나'라는 것이 반드시 나타난다. 그것은 어쩌면 비겁한 측면이 다분한 꼴사나운 자신일지도 모른다.

아무도 보지 않는 곳에서도 본심을 드러내지 못하는 사람이 다른 사람에게 본심을 드러낼 리 없다. "아무도 나를 이해해 주지 않아"라고 말하는 사람이 있는데, **자신이 자신을 이해하지 못하면서 타인이 자신을 이해해 주기를 바라는 것은 태만하고 오만한 자세다.** 안타깝게도 자신이 그런 상태인지 깨닫지 못하는 사람이 대부분이다.

그러나 그런 태만하고 오만하며 꼴사나운 자신을 받아들일 때 비로소 자신을 바꿀 수 있다. 반대로 그 꼴사나운 자신을 직시하지 않고 못 본 척 외면하면, 당신이 성장할수록 그 꼴사나운 부분도 크게 성장해 버린다.

'나는 왜 이렇게 된 걸까?'라는 생각이 들 것이다. 지금까지 인생을 부정하고 싶어질지도 모른다. 과거의 사실은 바꿀 수 없다. 그러나 그 사실을 받아들이는 자세는 얼마든지 바꿀 수 있다.

나는 이렇게 생각한다.

'분명히 지금까지 인생에서는 나의 이상을 실현하지 못했어. 하지만 이상을 실현하지 못했던 그 기간은 앞으로 더 큰 이상을 실현하는 데 필요한 경험이었을 거야.'

이상을 현실로 만들지 못했다는 것은 그럴 '힘'이 부족했다는 뜻이다. 그렇다면 왜 '힘'이 부족했는지 과거의 경험에서 배워야 한다. 안 그러면 매번 실패를 반복하다 이윽고 자신은 이상을 실현할 능력이 없다는 선입견에 사로잡히게 된다.

그 선입견으로부터 자신을 해방하기 위해서도 하루의 시간 중 1퍼센트를 사용해 문자화해 보길 바란다. 자신과 마주하길 바란다.

지금의 자신을 부정할 수 있는 사람은 높은 이상을 품은 사람, 자신에게 기대를 거는 사람이다. 만약 지금의 자신을 부정하지 않고 현재의 상태에 만족한다면 품고 있는 이상이 없거나 자신을 포기한 상태이거나 둘 중 하나다. 그러나 당신은 그 어느 쪽도 아닐 것이다. 자신의 가능성을 다른 누구보다 믿고 있을 터다. 그렇지 않다면 이 책을 끝까지 읽었을 리 없다. '이 책에 나를 바꿀 힌트가 숨어 있을지도 몰라'라고 생각했다는 것 자체가 이미 당신의 가능성을 믿고 있다는 부정할 수 없는 증거다.

이 책을 끝까지 읽을 수 있을 정도의 인내력을 지닌 당신이므로 행동을 계속할 인내력도 충분할 것이다. 약속하건대, 그 인내력으로 하루의 시간 중 1퍼센트를 할애해 열심히 문자화해 나간다면 이상을 현실로 만들기 위한 '힘'이 단련되어서 1년 후에는 이 책을 읽는 현재와는 완전히 다른 당신이 될 것이다.

마지막으로 이 책을 기획해 주신 가이세 씨와 WAVE 출판의 여러분, 3개월에 걸친 나의 스파르타 첨삭을 따라와 주신 문자화 합숙 참가자, 피드백을 주신 여러분, 그리고 집필에 집중할 수 있는 환경을 허용해 준 가족에게 진심으로 감사의 말을 전한다.

요코카와 히로유키

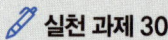
실천 과제 30
다음번에 이 책을 읽을 때 얻고 싶은 성과 세 가지를 문자화해 보자.

참고문헌

『감정의 브레이크를 제거하는 법』(이시이 히로유키/최윤영 옮김/에이지21)

『꺾이지 않는 마음을 키우는 자화자찬력(折れない心を育てる 自画自賛力)』(하라다 다카시/KADOKAWA)

『'상승(常勝) 멘탈' 강화 기술("常勝メンタル」強化の技術)』(가와사카 마사키/셀루바출판)

『무리하지 않고 한계를 돌파하기 위한 심리학―돌파력(無理なく限界を突破するための心理学―突破力)』(멘털리스트 다이고, 리버럴사)

『설득의 심리학』(로버트 치알디니, 황혜숙·임상훈 옮김, 21세기북스)

『생각하라! 그러면 부자가 되리라』(나폴레온 힐, 남문희 옮김, 국일미디어, 2018)

『성공의 새로운 심리학』(캐롤 드웩, 정명진 옮김, 부글북스)

『하버드대 52주 행복 연습』(탈 벤-샤하르, 서윤정 옮김, 위즈덤하우스)

『멋진 자기소개[완전판](すごい自己紹介 [完全版])』(요코카와 히로유키, 일본실업출판사)

생각을 현실화하는
문자의 힘

초판 1쇄 발행 2025년 07월 25일

지은이 | 요코카와 히로유키
옮긴이 | 김정환
펴낸이 | 정광성
펴낸곳 | 알파미디어
편집본부장 | 임은경
편집 | 김지환
홍보·마케팅 | 차재영
디자인 | 이창욱

출판등록 | 제2018-000063호
주소 | 05387 서울시 강동구 천호옛12길 18, 한빛빌딩 201호
전화 | 02 487 2041
팩스 | 02 488 2040
ISBN | 979-11-7502-000-9 03190

*이 책은 저작권법에 따라 보호를 받는 저작물이므로 무단전재와 복제를 금합니다.
*이 책 내용의 전부 또는 일부를 사용하려면 반드시 저작권자의 서면 동의를 받아야 합니다.
*잘못된 책이나 파손된 책은 구입하신 서점에서 교환하여 드립니다.

알파미디어에서는 책에 관한 기획이나 원고 투고를 기다리고 있습니다. 출간을 원하시는 분은 alpha_media@naver.com으로 연락처와 함께 기획안과 원고를 보내주세요.